中欧文化高峰对话（第一辑）Vol.1

China-EU High-Level Culture Forum
Distance of Face to Face

面对面的距离

主　编■黄　平　赵汀阳

社会科学文献出版社
SOCIAL SCIENCES ACADEMIC PRESS (CHINA)

本辑编委会成员

前　言

　　尽管中国和欧洲在历史背景、社会制度、意识形态、文化传统、思维模式和价值观等方面有诸多差异，但在差异背后不乏双方对人类美好事物的共同追求。不论世界如何变化，中欧人民都坚持不懈地追求、尊重和坚守全人类共有的传统和基本普遍价值，如对生命的珍视，对人类和自然的关爱，对和平、安宁和美好生活的向往等。世界上不同文明诞生于各自独特的历史和自然环境，并造就了今天这个多元且多姿多彩的世界。中欧均主张尊重世界文化的多样性，倡导开展不同文明间的对话，保护各民族文化个性和维护文化主权。随着中欧互动交流不断加深，彼此的文化日益融入对方的生活，这种平等尊重对方、渴望了解对方、尝试接受对方的心态是促进人类社会不断进步的动力，也是让世界多一份和谐与合作、少一点误解和冲突的基础。作为人类文明的两大发源地，中欧增进相互认知、理解和交融，将对世界的和平、和谐与进步发挥积极的促进作用。

　　历史上，中国和欧洲各国对人类社会的进步、文明发展作出了巨大贡献，产生了许多思想家、哲学家、艺术家。他们为人类社会留下了许多宝贵的精神财富，一些文明成果至今对人类社会的发展、思想的演进发挥着十分重要的基础性作用。古希腊以来，欧洲国家始终是人类思想领域杰出大师的诞生地，涌现出苏格拉底、柏拉图、亚里士多德、笛卡儿、霍布斯、洛克、卢梭、达尔文、牛顿、但丁、马基雅维利、康德、黑格尔、马克思、爱因斯坦、托克维尔、海德格尔、布罗代尔、哈贝马斯等大量影响人类历史发展的伟大思想家。可以说，思想是欧洲国家引以为傲的领域，而中国作为一个拥有五千年文明史的伟大国家，有着堪比欧洲的光荣传统，出现过孔子、老子、庄子、孟子、朱子等伟大的思想家、哲学家，以及灿若群星的文学家、艺术家、诗人。他们的思想对于东亚文明的形成起到了至关重要的作用。两种不同文明的发展形成了东西两个特点分明但又相互交融的文明体系，为中欧双方在人文领域开展深层次的交流奠定了坚实的基础。

在全球化趋势日益显著及信息技术高速发展的今天，在当代国际关系中，话语权越来越成为一种战略资源。作为具有国际感染力的理论和思想，话语权的核心是精神文化，独特性在于其思想性。话语权的取得不但依赖一国的政治、经济和军事实力，更取决于精神感召力和认同感。事实上，在当今世界各国的交流中，话语权的争夺是国家间竞争的一个重要方面，而美国、欧洲等主要西方国家和集团总是竭尽全力控制国际话语权。在围绕奥运火炬境外传递展开的中国和西方媒体的对决中，话语权的归属充分显示了其在国家竞争中的强大力量。中国目前的国际话语地位提升速度远落后于经济增长速度，全球事务的议题设置和规则制定的能力有限，还存在责多权少的现实差距。

在中国和平崛起的进程中，同西方大国争夺话语权也应该成为中国对外文化工作的重要内容，必须打破由西方炮制中国国家形象的现状。

此外，从伏尔泰以降，欧洲思想界在整个欧洲乃至世界范围内掌握着极强的话语权，有时连各国政府、议会都须敬畏三分，思想界的动向更是西方媒体追逐、西方民意追捧的对象。因此，加强中欧在思想领域的交流对于在欧洲树立中国新形象、争取民意能够起到事半功倍的效果，也有着很强的现实意义。

编者

2013 年 5 月 28 日

目　录

全球化：差距、熔炉
还是新游戏？

翁贝托·艾柯[*]

　　如果您在互联网上搜索一下"全球化"，您将找到很多相关网页，并且每一个网页上会有很多相关网站。几乎所有网站或者网页的开篇都这样叙述：全球化是一个过程，也就是区域经济、社会和文化基于全球性交流、运输和贸易网络实现融合的过程，以减少或消除国界壁垒，促进商品、资本、服务和人力流通。人们通常认为全球化主要受经济、技术因素所推动，但同时全球化也是思想、语言或大众文化之间的跨国界传播。

　　关于全球化，有些网站介绍得更为细致：全球化开始于 19 世纪或者更早，因此它已不是一种新生现象。在此请允许我引用一篇并非来自互联网的文章：

　　　　不断扩大产品销路的需要，驱使资产阶级奔走于全球各地。它必须到处落户，到处开发，到处建立联系。

---

[*] 翁贝托·艾柯（Umberto Eco），世界文学大师，意大利著名哲学家、符号学家、历史学家。

　　资产阶级，由于开拓了世界市场，使一切国家的生产和消费都成为世界性的了。使反动派大为惋惜的是，资产阶级挖掉了工业脚下的民族基础。古老的民族工业被消灭了，并且每天都还在被消灭。它们被新的工业排挤掉了，新的工业的建立已经成为一切文明民族的生命攸关的问题；这些工业所加工的，已经不是本地的原料，而是来自极其遥远的地区的原料；它们的产品不仅供本国消费，而且同时供世界各地消费。旧的、靠本国产品来满足的需要，被新的、要靠极其遥远的国家和地带的产品来满足的需要所代替了。过去那种地方的和民族的自给自足和闭关自守状态，被各民族的各方面的互相往来和各方面的互相依赖所代替了……

　　资产阶级，由于一切生产工具的迅速改进，由于交通的极其便利，把一切民族甚至最野蛮的民族都卷到文明中来了……它迫使一切民族——如果它们不想灭亡的话——采用资产阶级的生产方式；它迫使它们在自己那里推行所谓的文明，即变成资产者。一句话，它按照自己的面貌为自己创造出一个世界。①

　　上述文字表达的不仅是一种批判，也是对资产阶级文明的评价。这段文字的作者表面看来应该是一名自由市场资本主义的辩护者、经济全球化新自由主义形式的倡导者。但相反，我引用的这一段是来自马克思和恩格斯的《共产党宣言》。这段文字告诉了我们所有有关"全球化"的内容，其中包括"交通的极其便利"，尽管文章的作者没有想到计算机和卫星，仅限于铁路、轮船和电报。

　　马克思和恩格斯意识到了全球化的另一个方面，即在物质生产领域出现的事情同样也会出现在知识生产领域。马克思和恩格斯一致认为："各民族的精神产品成了公共的财产。民族的片面性和局限性日

――――――――――――

① 《马克思恩格斯文集》第2卷，人民出版社，2009，第35～36页。

益成为不可能，于是由许多种民族的和地方的文学形成了一种世界的文学。"①

这是一种真正预言性的洞察力，尽管马克思和恩格斯的思考仅严格限于文学现象。如今，我们知道，恰恰相反，从文化人类主义的意义上看全球化包含一系列文化现象，其中包括特定社会中的生活方式、心态、行为、信仰、思想和艺术作品。事实上，在全球化文化方面，当今我们给出的定义包括全球文化同质化、偏远地区间信息流动的增加、世界范围内跨文化交往的增长方式以及新意识和身份范畴的出现、新请求的产生、人们对于提高生活水平的渴望、接受新技术和实践以及参与"世界文化"或者接受一种新型单一文化的需要。在这种新的单一文化形式中，不同民族在生活方式、音乐、服装以及其他至今仍保留单一文化特征方面的差异性将不复存在，同时在各种交际语言的压力之下，当今仍保留的 4000～5000 种语言中的大多数将消失。

更不要说生态问题，不仅从政治和生物角度看非常重要，而且在文化方面也会产生一系列恐惧和希望，赋予我们审视未来世界的方法。

同样，在《共产党宣言》时代，没有人能够想到这些极端现象，如壮观的移民大潮（到现在为止，移民在很多情况下代表了一种现实的人口迁徙案例），制造业和服务工作岗位从高成本地区流向最低工资和最低工人福利的地区（同时也导致高成本地区工作岗位流失），犯罪和毒品市场国际化，人类、动物和植物疾病跨国界加速蔓延，一国金融危机的反弹波及全世界股票交易，剥削外国贫困工人，等等。

上述是我介绍的一些关于全球化的负面现象，同时我想提及全球

---

① 《马克思恩格斯文集》第 2 卷，人民出版社，2009，第 35 页。

范围内的信息传播。信息传播加速了一些专制政权的坍塌，并推动了自由、民主的发展，或者构建国际刑事法庭，也可以使一些曾经老死不相往来的不同宗教组织突然间愿意彼此互依互存，从而为不同文明之间彼此接触创造机会。

当然，在经济和政治层面上，所有这些都是深层次全球化的突出案例。然而，在文化层面上，我们看到过各种典型的表层文化全球化案例。在这里我可以举几个例子，例如所谓的烹调"麦当劳化"、世界范围内的时尚和流行文化，例如神奇宝贝、数读、YouTube、脸谱网，除此之外还有"旋涡"或者无名地点（由法国人类学家马克·奥格命名），这是人类后现代主义的一个典型范例：商业经营场所、服务站、批发商店、设有购物中心的火车站和机场以及国际酒店和海滨度假区。这些绝对可以互相替代的场所在世界各地是完全相同的，因此那些已经离开某个地方（例如布鲁塞尔）的人们，为了寻找一个遥远并具有异国情调的城市，他们最终还是会寻找与自己出发地同样的机场和宾馆，同时他们感觉非常惬意，因为在异国他乡没有遭受到文化冲击。

我为什么把这些虚假全球化的形式称为表面现象呢？因为这些现象是实实在在存在的，而且包含了文化差异和融合更深层次的实例。

现在让我们来举几个烹饪方面的实例。大约一个世纪以前，美国人认为用肉丸制作的意大利面条是典型的意大利食品，其实这是一种误解。在意大利根本没有人吃带肉丸的意大利面条。人们是在没有多少肉可吃的情况下才发明了意大利面条；如果有肉吃，他们就不再需要吃意大利面条。用肉丸制作的意大利面条是意大利裔美国移民的食物，这些人虽然后来改善了自己的经济条件，但依然对其原有烹调方式情有独钟。大家在世界各地都可以找到华人餐馆，但是那些去过中国的人发现真正的中国烹饪远远要比那些西方华人餐馆的标准烹饪丰富得多，西方国家的华人餐馆大大减少了菜品种类，并且大多使用罐头食材。西方国家的华人餐馆是一种文化融合的范例。远在第二次世界大战之前，美国人经常（并且现在仍然）将一块面包薄片插入烤面包机，然后和着黄油、果酱加上煎炒鸡蛋一起吃。意大利人在战后发明了盒子面包，即将一片火腿和一点奶酪放入两片面包片中间，然后将这一组合放入一个烤面包机，同时还发明了他们认为应属于美国烤面包的食品。法国人不仅在两片面包之间并且在两片面包上面加入大量奶酪和火腿，然后继续烹制，从而发明了自己的主打作品——法国吐司。法国吐司是一种美国食品，还是一种传统的法国食品？这就是文化融合的实例。

意大利有一座城市名叫普拉托，由于当地很多华人移民在此生产小地毯而享有盛誉，普拉托因此成为一半意大利、一半华人的城市。尽管如此，华人没有因此而成为意大利人，意大利人也没有因此而成为华人，普拉托像纽约一样是一个"未融合之地"，只不过比例稍小，在这里的华人依然与华人生活在一起，波多黎各人依旧与波多黎各人生活在一起，正统犹太教徒依然与正统犹太教徒生活在一起，每一个人在跨出自己本方的边界时都能说一些英语，但同时也保留了自己的语言、传统、食品和宗教。我曾经在纽约市中心的一则大型壁画广告上看到这样一段文字："Zapados para damas sobre la medida"，大致意思为"专卖尺寸大于均码的女鞋"。因为这段文字是西班牙语，因此只能使身材肥胖、会讲西班牙语又看得懂英语的女士驻足，很明显，在这样一个地方，这已足以培育一个独特的市场。这就是所谓"未融合之地"范例。

在欧洲，信仰伊斯兰教的阿拉伯和非洲移民大潮已经席卷了一些城市。这些移民没有皈依基督教，他们依然讲自己的当地语言，本民族语言至少在工作时是不可或缺的，此外他们还要求上穆斯林学校、修建新的清真寺。

这些移民乘坐飞机的时候，都可能在机场光顾同样的购物中心，在同样的超市里购物，简单地说，他们流连于同样的"无名地点"，但尽管如此，他们只是在表面层次上体验文化全球化，这是一方面。另一方面，他们的原始身份在某种程度上已经遭到玷污。

这就是全球化产生的非全球性影响。

我之所以阐述上述种种现象是因为，我认为（并且我的很多跨文化方面的朋友也同样认为）不同文化之间的接触和相互理解不包括将习惯、信仰和思想统一化，而是对不同世界观进行比较。欧洲虽然在殖民化反文化运动中罪孽深重，但它也在尽力（并且取得了卓越的成就）理解非欧洲文化。当马可·波罗来到中国的时候，向忽必烈讲述了关于欧洲文化（我们仅知道中国的生活习惯给马可·波罗留下了深刻印象）的事情，但他这个没有文化的商人不知道，他的叙述对忽必烈产生了多大的影响；但我们肯定知道，几个世纪以后当利玛窦等第一批耶稣会传教人来到中国的时候，在科学、技术思想等方面进行了富有成效的交流。

我们可以非常轻松地体验表层文化全球化，我们知道，想要了解东京仅住在新大谷酒店是不够的（如果一些反应不太机敏的观光游客在新加坡寻找假日旅店，这可实在是太糟糕了），我们的基本目标（我是指那些想要真正建立跨文化关系的人）是为了在文化多样性中理解和尊重他人。在这个全球化的世界中，教育应建立在多样性互相碰撞的基础之上。

为本次会议准备的众多问题中，我们的朋友赵汀阳提出了三个问题：①我们应该如何互相理解？②我们应该如何接受彼此？③我们应该如何与他人共处？这三个问题各有不同。列威－施特劳斯非常理解博劳罗土人的心态，但是在某一特定时间他放弃了和他们一起生活的机会，并返回欧洲；然而，为了接受一种另类的世界观，我首先希望证实其合理性，尽管我们并不赞同，但是我们必须理解他，并且只有在这一理解的基础上我们才能够尊重他。

我们必须做到这种理解，因为在一个全球化的世界中，这是唯一的教育形式。

本次论坛的主题之一是"美"。我们曾经做过这样的假设，在跨文化关系中对艺术和美的理解似乎是最容易实现的，但本次论坛的组织者为这一假设打上了一个问号。我的回答是否定的。在这个世界上有很多通用的术语，在翻译成不同语言时可以传达相同的思想。需要谨慎的是，当一些译员将"art"翻译成某个特定汉语术语时，并不意味着其思想是一样的。我们应该注意，英语中的"art"（或者法语中的"art"，或者西班牙语以及意大利语中的"arte"）只是表面上翻译了拉丁语的"ars"。"arts"在罗马和中世纪文化中不仅仅是指画家或诗人的作品，同时还包括理发师或管道工的工作，因此艺术（art）和美之间没有必然的联系。当然，我非常想知道在中国文化中，艺术和美的思想是否与我们的文化有共同之处，然而我更感兴趣的是，他们之间存在的差异是否是始终如一的。

在如此多的文化中，有可能完全理解各种文化的差异吗？这是全球化的世界未来需要承担的任务，同时也是一个不可或缺的任务。曾有一个关于 18 世纪知识分子的传说，如果说一位法国知识分子听说某时一位清朝官吏死于中国，很可能不为所动，中国实在是太远了。今天我们不可能再问丧钟为谁敲响，因为约翰·邓恩说，"丧钟为您敲响，因为没有人是孤岛，每个人都是大陆的一片。"

增加彼此了解的方式之一是遵循大众化的翻译准则。我在 2009 年访问汉语书店的时候，发现有大量西方哲学家、批评家和作家的作品都被翻译成了汉语，这令我很震惊。我怀疑可能没有如此多的汉语图书翻译成欧洲语言。翻译不应该只由私营出版商发起（因为很显然这将会受限于经济标准），而且还应依赖非营利性公共机构。

翻译无疑是增进文化间了解的一种重要方式，但这是不够的，因为翻译永远只能通过我们自己心理过滤来展示异族心理。

语言学方面的相互理解是一个至关重要的问题。这一问题在布鲁塞尔尤其重要，因为来自 27 个国家、说 23 种语言的人在这里汇集。尽管当今世界，人们普遍使用英语作为沟通语言（虽然有 8.45 亿人说汉语，3.29 亿人说西班牙语，但说英语的人数仅有 3.28 亿），很难在 27 个不同民族群体中强制推行一种单一语言，不但如此，能够使用英语的人们仅限于一些受过教育的有限群体。如果我们说这在欧洲内部构成了一个问题（在欧洲针对德语、西班牙语或者甚至俄语，在某种程度上似乎可以理解书名，但是对于匈牙利语、芬兰语和土耳其语则彼此完全无法理解），想想看，当面对法语、汉语、日语、印度语或者斯瓦希里语时，相互理解的难度可想而知。

在两千年的历史进程中，巴别塔神话在欧洲文化中一直困扰着人们。据《圣经》记载，在大洪水之后，"那时，天下人的口音、言语，都是一样"。然而，人们确异想天开地幻想与上帝比高低，于是开始修建一座高塔，希望直抵天堂。为了惩罚人们的傲气并阻挠修建巴别塔，上帝让人们的语言发生混乱。您可以不相信这一圣经故事，但是您不能否认这样一个不争的事实，即世界上的语言实在是太多了。正是由于这个原因，几个世纪以来，至少在欧洲，为了克服"语言紊乱"这样一种现象，学者、神秘主义者和诗人倾向于采取以下三种方式。

（1）恢复原始希伯来语，即亚当使用的完美语言，或者有些人称之为"母语"，今天存在的所有语言都源于该"母语"；例如在 1667 年，莫克里斯·凡·赫尔门特出版了一本《常用希伯来语自然短称呼表》，在这本书中，作者说明了为什么希伯来语是唯一能够以自然方式学习的语言：希伯来语发音时，舌头、上额、小舌、声门的运动模仿了相应希伯来字母的形状。

（2）发明一种新的语言，通过通用文字符号（例如模仿汉语的象形文字）表达人类的共同思想。

（3）展示我们自己的自然语言是最好的。

虽然我没有采取上述各种尝试（我已经写了一本关于"寻找"完美语言的书），但可以肯定的是上述各种尝试都将以失败而告终。

我想在这里仅介绍几种自然主义的方法，因为这些方法可以证明，不管是过去还是将来接受其他语言都是非常困难的。

公元7世纪，以色列语法学家在一本名为《诗人的箴言》的书中介绍，盖尔语是在各种"语言紊乱"之后，通过一种"复制和粘贴"所有其他分散语言的奇妙方式而创造出来的，因此盖尔语保留了每种语言的精华部分，保存了词和物之间的原始相似性。

詹·凡·格普在自己的作品《安特卫普语起源》（1965）中阐释了词源依据，作者认为原始的完美语言应该是荷兰语，尤其是安特卫普方言：安特卫普人的祖先是辛必里人，即雅弗子孙的后代，而雅弗的子孙没有参与巴别塔事件，因此得以逃过"语言紊乱"。

而瑞典语则是另外一个候选对象，1671年希恩·海尔姆在其著作《论语言的起源》中给予支持。1688年他的同胞安德列斯·凯姆皮在其作品《语言》中叙述了上帝与亚当之间的谈话，上帝使用瑞典语而亚当说的是丹麦语，该书讲述了说法语的蛇是如何诱惑夏娃的。这当然仅仅是一个寓言，但是欧洛斯·路德贝克于1675年发表专著，认为瑞典是雅弗及其世系的祖地，哥特人的语言正是诞生于这一种族和语言血统中。欧洛斯·路德贝克将瑞典与神秘的、视为极乐仙境之地的亚特兰蒂斯等同起来，文明开始从这里扩展到全世界。

而欧洛斯·路德贝克则认为，与上帝紧密相关的语言是德语（顺便提一下，海德格尔也曾表示过，只有使用德语才有可能谈到哲学）。在巴洛克时代，乔治·菲利普·哈斯多夫声称德语"是以自然的语言在讲话，非常感性地表现出这种语言的各种声音。……它似惊雷与天堂共鸣，似闪电与流云闪耀、与冰雹向四方辐射、与大风窃窃低语、与海浪泛起浮沫、与坚锁吱咯作响、与空气四方回荡、与大炮齐声爆响；它像狮吼叫、像牛哞叫、像熊嚎叫、像鹿鸣叫、像绵羊咩咩、像猪哼哼、像狗汪汪、像马咴咴、像蛇咝咝、像猫喵喵，像鹅咕咕、像鸭呱呱，像大黄蜂嗡嗡、像母鸡咯咯，像鹳鸟啄啄、像青蛙呱呱、像燕子啾啾，像麻雀喳喳。……因此很多人想声明的是，是否亚当（第一个出现的人类）只有用我们的词语才能说出荒野中的鸟和任何其他的野兽。"

在英国历史上，罗兰·琼斯在其著作《戈默的圈子》（1771）中认为，哥特人的方言和知识来自特里斯梅季塔斯、赫耳墨斯、墨丘利或者戈默，（并且）英语是从最纯粹的语言根源衍生而来，而英语又以一种特有的方式保留了其衍生方式。在同一个世纪，安东尼·德·雷瓦罗尔在其1784年的作品《论法语的普遍性》中提出，为什么一定要寻找一种普遍的语言呢？因为我们已经有一种完美的语言，这就是法语。与法语相比，德语的喉音太重，意大利语太软，西班牙语太啰唆，而英语太难懂。

然而，在第10世纪和第11世纪，阿拉伯作家伊布·哈基姆表示，在刚开始只存在一种上帝赐予的语言，这种语言后来包括所有其他语言。让我们接受这一来自远古时代的观点。这种令人向往的母语并非是一种单一语言，而是多种语言的组合。很多语言学家曾表示，每一种语言都构成了这个世界的某种模式，一种理解世界的方式。如果说我们用4000种不同语言来描述这个世界，这将使我们的世界变得丰富多彩。我们应该注重各种语言的保护，如同保护正在消失的动物和植物物种。

克劳迪·哈吉格在其著作中表示，"因为欧洲人也是这个多形态地球的公民，因此不可避免地要聆听人类语言多语音的呼声。为了建立一个休戚与共的世界，首先需要关注那些讲自己语言的人们，这比很多语篇宣传更具体"。

因此，未来全球化的世界就是要鼓励人们说不同的语言。

我发现，我的普遍性多语言思想仅仅是一种乌托邦幻想，我们永远不可能教会欧洲人说 23 种语言，并且更不可能的是在一个全球化的世界中教会人们说 4000 或者 5000 种语言。但是，一种恰当的要求却是可能做到的。同时，能够流利地说某种语言和仅仅理解某种语言是有区别的。我们经常会看到，一些来自不同国家的学生或者学者围坐在桌子边，虽然每个人都说自己的母语，但每个人都可以或多或少地听懂其他人的表达。

现在，为了本次论坛接下来的讨论，我想提出几个问题。

我们处于一个不均衡的世界中：一位受过教育的中国人至少可以讲英语，但是一位受过教育的欧洲人却无法讲汉语。我们的世界暂时还是多语言共存，对于这种世界的未来您有哪些想法呢？

如果实现多语言制是切实实现不同民族之间互相理解的第一步，同时由于教会人们所有现存语言是明显不可能的事情，对于未来有可能跨出本国边界并在他国生活的年轻人以及对于始终居住在本国范围之内的人们，您认为有多少种语言以及哪些语言在当今时代是不可或缺的？

由于对多元文化理解的教育在国家政治议事日程中占有重要位置，是否有可能在各所学校开设多元文化比较课程？

各国政府是否会意识到这样一个不可忽视的任务？

我们应该如何实现这一未来必不可少的梦想？

在此除了提出一些问题之外，我没有任何答案。我希望论坛接下来的环节能够为我们提供一些答案。

老子与尼采

裘锡圭

老子和尼采的时代相距 2400 年左右。老子出生在东亚,尼采出生在西欧。老子提倡消极、退缩的人生态度,主张"无为"(没有作为),就是要人尽量顺应自然,不做与此不合的事情。尼采提倡积极、进取的人生态度,主张个人要充分发挥创造力,不断把自己提升到新的高度。相对于老子的"无为",也可以说尼采主张"有为"。在中国已经有不少研究者使用这种说法,还有人认为老子和尼采是"东西方两位分别走向不同极端的智者"。虽然这两位智者的差异如此巨大,他们的思想中还是有相当重要的共通之处的。只不过从这些共通之处引发出来的,通常仍然是截然不同的观点。他们的思想是异中有同、同中有异,颇值得加以比较。

中国智识界对尼采思想向来是很注意的。尤其是 20 世纪 80 年代以来,研究尼采的人明显增多,研究也渐趋深入,而且还出现了一些专门将尼采的思想跟老子、庄子的思想进行比较的文章。现在,我就

裘锡圭,古文字学家,复旦大学出土文献与古文字研究中心教授、博士生导师。

以他们的研究为基础，从反传统和对宇宙运动的看法这两方面，简单谈谈老子和尼采的思想的异同。

先谈第一方面。

尼采生活在 19 世纪后期资本主义工业迅速发展的西欧。老子生活在春秋晚期。在这一时期由于中国古代经济的发展，贵族内部的宗法关系（就是晚期的父系氏族制关系）和农民中间的农村公社关系正在趋于崩溃。这两位思想家所处的时代很不同，但是在社会发生重大、剧烈的变化、传统主流思想遭到强烈怀疑等方面，具有共同性。这样的时代召唤反传统思想的旗手，老子和尼采就应运而生了。

尼采彻底否定上帝和基督教神学，否定传统形而上学的绝对理性，只承认现实世界；他反对基督教道德，要求进行一切价值的重估；对当时社会上的虚无主义、国家主义以及其他弊病，也都持严厉的批判态度。这些是众所周知的，不需要再加论述。老子反对传统思想的态度，大家也相当熟悉。不过我还想略加说明。

在老子之前，中国主流社会认为上帝或作为人格神的天（这二者至晚在西周初已经合而为一），是生成并主宰着自然界和人类的。老子提出了作为宇宙本根的"道"的概念。他认为道在上帝之先就已存在，天地万物都是由道产生的，世界的存在和运动都依靠着道。道是无形而不可感知的，而且是"无为"的。"无为"对于人来说，是顺应自然而无所作为；对于道来说，"无为"就是"无目的"。道生成万物（广义的"万物"包括天地），是一个自然而然的过程，道并不以此居功，并不要求主宰万物。这就是"无为"。道也是超道德的。《老子》第 5 章说："天地不仁，以万物为刍狗；圣人不仁，以百姓为刍狗。"意思就是："天地是不仁慈的，听任万物自生自灭；圣人也是不仁慈的，听任百姓自生自灭。"天地为道所生，并且取法于道（见《老子》第 25 章）。"圣人"在《老子》书中指对道有透彻理解、行为与道相合的理想人物。所以"天地不仁"、"圣人不仁"就是"道不仁"的反映。

老子是通过对大自然的深入观察和思考而提出道的概念的，道的很多特征实际上就是大自然的特征。不过由于时代早，老子还没有彻底否定鬼神的存在，他所说的道仍然带有一些神秘性。而且道虽然不是人格神，也不是西方传统形而上学的"绝对精神"，毕竟仍有超越万物的独立存在，在尼采那里则没有这种超越者。尽管如此，老子提出了凌驾于上帝和天地之上的，非人格、无目的、超道德的"道"，作为决定世界的存在和运动的根本力量，这对传统主流思想和信仰已经造成了极大的冲击。

老子主张人应该尽量取法于道。道既然是无目的、超道德的，传统的价值观念和道德规范，在合乎"道"的人类社会中，当然是没有存在余地的。所以老子认为世俗的美和丑、善和恶等区分都没有什么意义，对仁、义、礼、智等，也都持批判或否定的态度。这些是大家都很清楚的。不过有一件事应该在这里指出，老子对仁、义的批判态度，远没有战国后期极端反对儒家的那一派道家激烈。很多研究者举今本《老子》第19章的"绝仁弃义"，来说明老子对仁义的深恶痛绝。其实在战国中期的郭店楚墓中发现的《老子》竹简文本里，这四个字本作"绝为弃虑"，意思就是"摒弃作为和思虑"。这四个字应该是由上面所说的那派道家篡改为"绝仁弃义"的。那派道家反传统道德的态度，跟尼采更为接近。

老子和尼采都反传统。否定传统之后，要走向何方呢？两个人的答案却截然不同。尼采要前进，要人们充分发挥创造力，使人类不断提高到新的水平。老子却要后退。老子跟尼采一样，对他所处的社会持严厉的批判态度。但是他认为社会的弊病，主要是由于文明的进步破坏了原始、自然的状况而造成的。所以他要求人们在很大程度上抛弃已有的文明成果，回复到他认为合乎道的、他理想的原始状况中去。

老子和尼采都否定很多传统的价值观念，但他们各自的价值观念几乎完全相反。例如尼采肯定刚强、勇敢，谴责怯懦，以前者为善，后者为恶；老子则肯定柔弱、退缩，贬抑刚强、勇敢。

下面讲老子和尼采对宇宙运动的看法。

老子把道看作决定世界的存在和运动的根本力量，尼采则把所谓"权力意志"看作这样的力量。权力意志是要追求、积聚力量的意志，它不但是生命最内在的本质，也是一切事物最内在的本质。

道和权力意志有很大的不同。有一些研究"道"的人，认为道具有最原始的物质的性质，权力意志当然没有这种性质（尼采还明确反对物质原子论）。撇开这一点，二者的不同也是十分明显的。

道是无目的、无欲望的，权力意志是有目的、有欲望的。化生万物的道，本身是超越万物而存在的统一体。由道产生的万物注定都要毁灭（即终止作为物的存在）而回归于道，道则是永恒存在的。尼采则认为宇宙间并无一个凌驾于现实世界之上的总体力量或第一动力，所以在他那里只有个别事物的权力意志，而没有超越一切事物的统一的权力意志。

尽管作为宇宙根本动力的道和权力意志的性质如此不同，老子和尼采给出的宇宙运动的图景，却仍有明显的共通之处。

第一，世界上万物不断生成，不断毁灭。这是一般人都承认的，老子和尼采当然也不例外。

第二，前面说过，尼采以权力意志为所有事物最内在的本质，而并不认为有超越一切事物的统一的权力意志。所以他认为世界在整体上是无目的的。他对此有明确的说明。老子认为万物是有欲的，而道是无欲、无目的的，所以他理解的由道决定的世界，在整体上也应该是无目的的。这就是说，他们二位理解的宇宙运动，在总体上都是无目的的。

第三，已有一些将尼采与老子、庄子作比较的研究者指出，道的运动，或者说道所决定的宇宙运动，是循环不止的；尼采提出"永恒轮回"说，他的宇宙运动的模式也是循环不止的。这种说法是有道理的，但有两件事须加说明。

首先，今本《老子》第 25 章对道进行描述时，有"独立而不改，周行而不殆，可以为天下母"的话。这是说道的运动循环不止的最重要的根据。但是上引语句中"周行而不殆"这五个字，在郭店楚墓出土的竹简《老子》和西汉早期的马王堆 3 号墓出土的帛书《老子》里，却都是没有的，似应为后来所增入，有人甚至认为此语与老子原意不合。对这个问题须加解释。

郭店楚墓出土过一篇被整理者定名为《太一生水》的道家佚书，原来跟此墓所出的《老子》简编在一起。篇中讲"太一"（"道"的别名）的运行，有"周而或【始，以己为】万物母"之语。"或"字在古汉语中可以当"又"讲，"周而或始"就是"周而复始"的意思。"周行而不殆"的"殆"，似已有人读为当"终止"讲的"已"，大概是正确的（"殆"、"已"上古汉语读音极近）。这两句话的意思几乎完全相同。《太一生水》的写作时代不会晚于战国中期。可见虽然今本《老子》的"周行而不殆"很可能为后来所加，道的运行循环不止的思想则确实出现得相当早，老子应该已经有这种思想了。

其次，古人说道周行不止，其主要根据大概是万物出自道又复归于道的思想以及四季和日月星辰不断循环运行等现象。但是尼采的永恒轮回说的循环周期则极其漫长，长到实际上无法测量。老子和尼采所说的循环能相提并论吗？

我认为根据已知的老子思想，是可以推导出宇宙运动有周期极其漫长的大循环的思想的。老子认为道所产生的一切最终都要复归于道，也就是都要毁灭。天地为道所生，当然也要毁灭。而道的化生万物的功能是不会止息的，旧的天地毁灭后，又会产生新的天地。这样的循环周期不是极其漫长的吗？

已经有西方的研究者指出，与尼采同时代的恩格斯，也有跟尼采相似的宇宙永恒循环的思想，认为在无限时间内，宇宙是永远重复地连续更替的。研究者以"共同的自然科学史背景"来解释尼采和恩格斯思想的这种相似。其实只要否定了神创世界的迷信，这一类无限循环的思想就有可能产生。

还需要指出一点，尼采的"永恒轮回说"强调每次轮回中出现的事物，都是跟上一次完全相同的，甚至连细节也完全相同。这是尼采为了要肯定生命的永恒性而设定的。恩格斯并无这种思想，老子当然也不会有。

总之，如果不考虑道和权力意志的不同，老子和尼采所给出的宇宙运动图景显得颇为相似。但是他们对这样的图景的视角，却很不相同。由于作为根本动力的道和权力意志的性质不同，由于两位思想家的人生观不同，这是很自然的。

尼采的视角是面向"生"的。尼采充分肯定生命的价值，他说："这就是生命吗？好吧，那就再来一次！"老子对宇宙运动的观察，侧重万物的回返于道。他说："反（返）者，道之动"（《老子》第40章），强调不断回返是道的运动规律。尼采和老子都讲"复归"。尼采讲的是生命在永恒轮回中的无数次复归。老子讲的是万物各复其根，指万物毁灭而复归于道。可以说，老子的视角是面向死的。尼采面向"生"的视角与他积极的人生观相应，老子面向死的视角与他消极的人生观相应。

老子和尼采这两位分处东西方的、对后世都有巨大影响的思想家，都反对传统，他们给出的宇宙运动的图景也是相似的；然而由于时代、文化背景和个人性格的不同，却提出了截然不同的人生观。对东西方思想文化的比较研究来说，这是一个很有意思的、值得注意的现象。

尼采不受传统束缚而勇往直前的创新精神，具有很强的感染力，他的影响几乎遍及全世界。在 20 世纪早期，中国新文化运动中反传统的健将，如鲁迅、陈独秀、茅盾、郭沫若等人，都受过尼采的影响。

老子消极的人生观，在总体上是我们无法接受的。但是老子丰富的充满智慧的思想，有不少直到今天仍然可以用来指导我们的行为，这里举两个例子。

《老子》书中时常讲对立面转化的道理，与此相联系还告诉我们，做事不能过头，不然就会得到与愿望相反的后果。老子的这些思想，在后代凝结成为两句在中国几乎是家喻户晓的成语："物极必反（也作"返"）"、"适可而止"。《现代汉语词典》对前一句的解释是："事物发展到极端，就会向相反的方面转化。"对后一句的解释是："到了适当的程度就停止（指做事不过分）。"人类所犯下的有些大错误，如对自然的过度开发，就是由于缺乏这方面的思想而造成的。前面说那两句成语在中国几乎家喻户晓，可惜大多数人只是说说而已，并没有真正照着去做。附带说一句，老子要人完全顺应自然，当然是不现实的；但是已经由于肆无忌惮地破坏大自然而遭到报应的现代人，不是很有必要从老子那里吸取一些尊重自然的精神吗？在人与人的关系方面，世界上的麻烦事情，有很多也是由于有关的人，往往是对立的双方，大家都不肯"适可而止"而造成的。我们真应该好好读读《老子》。

再说一下老子对战争的看法。老子非常反对战争，把战争看成很可怕、很可恶的事情，读一下《老子》第 30 和 31 章，就可以明白。他说用"道"辅佐国君的人不用武力在"天下"逞强（第 30 章）。

这也就是说，有道的国家不发动战争。他又说，武器是不吉祥的凶器，是"不得已"而用之的东西（第31章）。所谓"不得已"，对国家来说，应该是指遭到别国侵略而不得不拿起武器进行抵抗。发动战争或挑动战争，都是绝对应该受到谴责的。我想，如果大家都能真正听从这位2500年前的智者对战争的意见，我们的这个世界将会比现在好得多，美得多。

世界观：不同的世界观

埃沃·儒安让*

一　共同行动

对于我们这代人来说，一个基本事件是我们世界的有限性以及由此产生的我们所有人之间的相互依存在日常生活中的表达。对于一个 60 年代的西方人来说，"黑洞"曾成为世界地图上一些靠特定政治经验生存的某些地区的特征，其大部分时间与西方有本质冲突，如今除少数情况外，已经消失。开放在与封闭的较量中占尽上风。一种相同的组织模式及生产模式似乎广泛地扩散到那些曾最激烈地反对这种模式的国家。我们的世界不仅在商业层面，也更广泛地在政治层面，也就是在理解日常生活管理问题的方式上，变得全球性了。技术的进步促进了电信和运输工具的发展，我们对必须面对的全球挑战有着日益强烈的认识，使所有人必须面对共同行动的

* 埃沃·儒安让（Hervé Jouanjean），法国经济学家、政治家，国际关系研究专家，欧盟委员会预算总干事。

必要性。

今天，中国即将超越日本，成为世界第二大经济体，并刚刚取代德国成为世界上最大的出口国。中国拥有世界上最多的货币储备并在世界经济的融资中发挥着重要的作用。中国已成为二十国集团峰会（简称 G20）的重要成员，该峰会自从近来西方世界开始遭到经济危机的重创以来，已有大的变化。中国进入了第三世界的所有市场，多年来建立了为其经济发展提供原材料的庞大的供应网络。仅欧洲就有超过 22 万中国留学生，而在中国学习的欧洲学生也达 22000 人。

二　承担责任

这意味着，首先在经济进而在政治领域的改革进程开始后的 30 年以来，中国发展迅速，引起了世界范围的力量均衡的重大变化，这种变化规模至今不可估量。

不久前，在一次简单的午餐会上，G8 领导人接待了作为联合国安理会常任理事国的中国和其他一些国家，认真地倾听了他们的想法，但未与他们就此进行任何实质性讨论。这不仅是西方国家领导人应尽的责任，也是视国内发展高于一切的中国应尽的责任。伴随着世界经济危机，西方世界似乎比以前更重视从国际舞台上新合作伙伴的崛起中吸取经验，就像 G20 所处地位和正在进行的关于国际货币基金组织和世界银行席位分配的讨论所表明的那样。这种对既得的、重要的席位的重新安排是困难和烦琐的，但这种重新安排可以被西方接受。以中国为代表的相关国家应该也接受这种他们衷心呼吁的新的平衡关系的重新建立，席位的安排必须与各国所担负的责任相匹配。中国的情况是复杂的，在某些方面已达到发达国家的水平，但在另一些棘手问题上，对中国来说问题并没有简单化。在未来若干年内对中国来说这将是一个巨大的政治挑战：中国能否被发达国家视为敢于负责的对话者，同时将对其在发展中世界的领导地位提出质疑。

三 何种现代性

对于西方人而言，我们的（西方）模式使其在作为 20 世纪的重大事件的两种政治体系的交锋中胜出似乎是显而易见的事实。中国转而接纳西方资本主义模式并在成为世界贸易组织成员时将其作为游戏规则，在其采取的服务贸易领域的形式下，世贸组织要求其成员选择一种建立在资本主义体系上的生产方式。为了摆脱孤立，为其发展融资，中国没有其他的选择。这是一种进步。

然而，进一步分析，选择资本主义发展方式并不一定就意味着各种体系的趋同。换言之，"西方"社会模式不一定是建立共同未来的唯一模式。

中国的崛起实际上建立在与过去完全不同的基础上，而我们也许已经达到了西方资本主义模式过度发展的终极阶段。通过中国，我们目睹了一个有着庞大人口、文化根源非常牢固且深深植根于几经历史磨难的强大经济体的崛起。一些人就此称其为"文明国家"。对中国未来的另一种解读来自工具和资本主义间的结合，这种结合可以使国家富足，使其保有完全特殊的文化身份。中国模式吸收了西方模式的一些因素为其所用，这些因素是中国融入世界经济体系所必不可少的，而在其他方面则更加有选择性。

今天我们所面对的问题是了解我们朝着有共同参照的唯一的模式发展，还是相反，我们无法向一个多元现代性的形式发展，这种形式在物质层面的表达即便不是相同也是类似的，但其就社会运行而言的本质可能因地域而大相径庭。这个问题比我们进入一个我们社会运行的很多方面必须重新创造的阶段更加重要。西方世界经济增长的传统模式随着自然资源的枯竭以及环境问题的约束已经走到了尽头。面对这些挑战，在创造新的运行模式方面，我们都被重新置于同一起跑线上。国际社会各主要角色间的对话比任何时候都更加必要。再没有什么比相互竞争的现代性更糟糕的了。

四 分享价值观

中国选择与欧洲结成战略联盟，这不是一个中立的选择：两种延续数千年的文化，两种充满痛苦片断的历史，两种兼顾过去影响的新近的重建意愿。中国是一个大陆国家，而欧洲则是一个在大陆上的国家联盟。欧洲发明了一种新的管理国家关系的方式。虽有起起落落，尽管仍有很多事要做，欧洲终于在其内部取得了成功。对外，欧洲作为"软实力"也因为其内部的成功而得到接纳并受到尊重。欧洲常常被视为一个国家间关系发展方式的典范，而且，无疑欧洲为这种地区一体化创举在世界范围内的推广作出了贡献。毫无疑问，这个典范可以引发那些想发展多边体系人们的思考。维系欧洲的纽带之一是坚持所有关于民主及法治国家原则的承诺。这些原则在欧洲文明中源远流长。最近生效的《里斯本条约》将基本权利宪章纳入了欧盟的法律范畴。为寻求一个新的世界观，就必须对价值观问题进行激烈的讨论。

世界观对国际关系的影响

　　首先感谢为这次论坛作出了巨大努力的所有人士。刚才我们中方的裘教授讲了一些非常高深的哲理。我自己作为一个曾经中途改行的哲学学生想从世界观这个角度来谈谈当今世界的问题。当然不是想阐述什么系统的理论，而是提供一些只鳞片爪的经验。首先我想给自己提一个问题，就是中国和欧洲之间是否存在，或者存在过某种共同的世界观。我们承认在我们之间有很多的不同点，而且我们用不同的观念去看待世界。但是，我们能否在保留不同世界观的同时，去创造某种共同的东西？我不敢保证能够满意地回答这个问题。

　　其次还要说，在这个时候、这个场合来讨论世界观的问题是非常及时的。西方主要的国际关系理论流派在讨论国际问题的时候，要么就是忽略了世界观问题，要么就是顺便地提一下，并没有把它作为一个中心的议题来讨论，这是一方面。另一方面，我们看到在全球化时代，国际间的交往与日俱增，来自完全不同的经济、社

* 周弘，中国社会科学院学部委员、国际研究学部副主任、欧洲研究所所长。

会、政治制度和历史文化背景的人，突然要在一起工作、生活、开会、合作。在这个过程中，我们背后的那些决定我们人格和习俗的东西是不可避免地要显现出来的。所以，我们也就有必要坐在一起，专门地讨论一下我们是否有共同的世界观以及我们如何面对不同的世界观这个问题。

一　思维方式

在这里，我想首先从思维方式这个角度做一点观察。中国人和欧洲人的思维方式既有类似之处，也有明显差异。例如中国和欧洲的思想家都曾经将世界划分为可知与不可知两部分，将认识区别为整体和局部。在欧洲，最典型的当然是黑格尔，在黑格尔看来，"世界精神"是先验的、抽象的、整体的、上层的，而各国人民只能通过各自的特性去体现这种绝对精神的某个局部。

刚才裘老师讲，中国人也有一种世界整体的观念。我也赞成这种看法。比如说，生活在2500多年前的庄子认为，道术是普遍的学问，只有天人、圣人、神人、至人才能掌握它。而我们通常讲的学术，则是具体的、各家各派的学问，是各执一偏的片面的学问。也就是说我们每个人身上体现出来的、感悟的是片面的东西，而不是整体的东西。中国的另外一位哲人老子干脆就认为，整体是不可知的："天下神器，不可为也，不可执也。为者败，执者失之。"

所以，我的第一点观察就是：中国人和欧洲人都认为，世界应该是有所区分的，世界万物有些是可知和可为的，有些则是不可知和不可为的。但是，中国思维方式与欧洲思维方式也有不相同之处。相比较而言，我觉得中国人更加关注所谓的"此岸"和可知的世界，更加关注人的社会生活。比如孔子说过，不为"远人之道"。彼岸世界不是我们所认识的，也不是我们所关注的。孔子不愿意做抽象的思辨，而是穷毕生的精力探讨社会哲学，讨论人与人之间的现实关系，讨论现实社会的礼法和规则，从事对人的教育。这是中国社会哲学的一种趋向。

欧洲人也讨论现世的问题，但他们更喜欢探究事物的原委。比如孟德斯鸠说，人的世界观产生于他们独特的生活经历，受到各种各样自然因素，如气候、宗教、法律、政府准则、先例、道德和习俗的影响。所以，孔子讨论的是"人应当如何行事"，孟德斯鸠讨论的却是"人为何如此行事"。在欧洲人看来，经年累月的信息、观念和理解的交流，会使交流者群体，或是阶层、或是民族，形成"不假思索就能够作做出的判断"，就是所谓的"常识"，形成"民族精神"，因为自然条件千差万别，所以民族精神也是多元的。说到这里，还是不能忘记，就是中国人解释的这个现实就是现实存在的。而欧洲人的解释方法，从思维方式来讲，总是喜欢去问为什么会这样，为什么会那样。总之，中国人倾向于解释"现实"，而欧洲人则倾向于解释"原因"，人们从多元的感受和体验出发，运用不同的思维方式和视角去观察外部世界，就得出了关于世界的不同看法。

我的另外一个观察是历史观的观察。在历史观方面，中国和欧洲的差异是比较明显的。比如对欧洲人来说，人类的社会历史发展观是递进的。认识的主体和外界共同形成一种"状态"，随着两者各自的变化，时代精神，甚至时代规则也发生变化。马克思说过，封建主义和资本主义都曾经适应历史的发展，但是又随着历史的继续发展而成为保守乃至反动的制度。

在中国，虽然韩非子也阐述过类似的历史发展观，认为"上古争道义，中古争智谋，当今争实力"，每个时代的主题是不同的。但是，在秦统一中国以后，随着战国时期的竞争状态发生了变化，韩非子的实力竞争理论便无的放矢了，代之而起的是崇尚博大通达，提倡和谐妥帖而上达天意的社会观。这种观念强调的是平衡融通，而不是竞争变革。这种世界观方面的差别使得中国和欧洲有了各自不同的历史发展轨迹，直至欧洲人用坚船利炮把他们的世界观带到中国人面前。这就是我的第二点观察：思维方式和历史发展是相互影响的。

二　用不同的思维方式看世界

现在让我们来讨论一下，用不同的思维方式来看我们周边的环境，会使我们产生一些怎样的社会理想？很显然，中国和欧洲的社会理想并不相同。中国人的社会理想最集中地体现在《礼记·大同篇》里，叫做"大道之行也，天下为公，选贤与能，讲信修睦。故人不独亲其亲，不独子其子，使老有所终，壮有所用，幼有所长，鳏、寡、孤、独、废疾者皆有所养，男有分，女有归。货恶其弃于地也，不必藏于己；力恶其不出于身也，不必为己。"就是这样一些社会理想，使得盗贼不横行，外出不闭户，即所谓的大同社会。这个社会大同的理想经历了几千年，到后来中国共和国的创始者孙中山先生，也特别推崇《礼记·大同篇》里"天下为公"的社会理想。毛泽东主席也曾经赞赏过这样一种治国的理念，认为如果实现了这样一种社会理想，那就是我们的理想社会。

"天下为公"的理念源自对人性善的判断，这种判断影响了中国人对"天下"规则的判断。当然，当时的"天下"不是现在的"全球"或"世界"，而是中国人视野所能及的最大的世界。例如墨子曾说："圣人以治天下为事者也，不可不察乱之所自起。当察乱何自起，起不相爱。"也就是说世界上出现了乱，主要是人不自爱，不相爱。他呼吁"天下兼相爱，爱人若爱自身"，就是爱别人像要爱自己一样。老子在讨论国与国之间关系的时候，使用的也是这种思维方式，他认为，大小国家皆应相敬如宾："故大邦以下小邦，则取小邦；小邦以下大邦，则取大邦。"也就是大国应该礼遇小国，这样就可以得到小国的尊敬。小国要尊敬大国，这样的话就可以得到大国的帮助。这是所谓国与国之间的规则。除了人相爱、国相敬以外，中国的社会理想中还包含了相爱和相敬的规则。也就是说，你如果是仁义，就是礼义，你就可以称王；如果你要是守信用，就可以称霸。但是如果你要玩弄权术的话就应该灭亡，这是荀子讲的。荀子的原话是，治理国家是"义立而王，信立而霸，权谋立而亡"。

中国历史上也有视仁义道德为过时观念的学说，例如韩非子认为，国家之间应当崇尚实力和竞争。但是刚才说道，中国独特的历史进程影响了这派学说的发展。在秦统一了中国之后，基本消除了在中国大地上国与国之间的竞争，因此，世界大同的理想就占据了中国思想界的主流。

那么欧洲的情况又是怎么样的呢？就我们的观察来看，从柏拉图的《理想国》（约前 427 年～前 347 年）到康帕内拉的《太阳城》，大体表达了一种超现实和现实之间的鲜明对照。柏拉图在《理想国》中承认，理想国的原型来自天堂。现实是理想的局部，真实是局部的抽象，人们透过世界折射出来的光线认识真实的世界，所以，现实世界是不完满的、不真实的，只有理念才是真实的、完满的。总之，这种世界观表达了一种对于社会现实的否定。柏拉图在分析人类社会的时候，将人分成统治者、战士与工匠（如农夫），分别代表智慧、意志和欲望，每个人在社会上都有其特殊功能，每个人都各守其位，每个人都去做自己分内的事而不打扰到别人，但每个人都是充分自由的，哪怕是定了罪的犯人。但柏拉图同时又承认，这种理想并不现实，只有在天国里才可能找到。

康帕内拉在《太阳城》（1622）中叙述了很多人性恶带来的社会问题，因为他觉得，理想的社会只有在天国里才能找到，所以他不得不求助上帝。他说："……必须研究和了解上帝的创造，遵守上帝的声讯。"相反，中国同时代的思想家和政论家顾炎武（1613～1682）

讨论的却是现实的社会问题。顾炎武和康帕内拉生活在同一个太阳的照射下，却由于不同的思想传统和不同的社会现实而产生了完全不同的思想。在顾炎武看来，虽然现实生活也不尽如人意，但是诸如土地兼并、赋税繁重、贫富不均这样一些社会积弊都是人类社会的问题，需要用"明道救世"、"利民富民"等民本理念，兴利除弊，加以改善，不需要上帝的援手。

还有一例：根据欧洲人的理念，人与人之间的自然状态不是和平状态，而是战争状态，和平需要付出额外的努力去建立。根据中国人的理念，九州八荒、天圆地方、天朝为中心，天不变、道亦不变。世界本来就应当是天下为公的，应当有公理，而不是用"丛林原则"来统治，对于西方入侵者的思维逻辑和行为逻辑完全没有思想和行动上的准备。

到了近现代，中国人的"天下观"受到外来武力和文化的冲击，才出现了竞争观念。所以，魏源修《海国图志》，使中国人看到的世界（天下）大大地扩展了，中国人看到，过去认为的"天下"并不是真正的天下，天下被大大地扩展了，观念也随之发生了变化，开始了一个"师夷长技以制夷"的历史时期。尽管如此，经过数千年发展的中国人世界观中崇尚仁义道德、博大通达、和谐妥帖的观念并没有被磨砺殆尽，在一个以和平为主题的时代，这些理念又有所复苏。

三　总结和推理

讲了这么多古人，我们能够从中得出一些什么样的结论或者推理呢？

首先，中国人观察世界的方法与欧洲人观察世界的方法自古就有相通之处。中国人和欧洲人都认为，世界的奥秘尚未可知，或者未可全知。他们都认为，认识世界的能力有等级之分。这些是他们的共同点。还有其他一些共同点，例如康帕内拉在《太阳城》中引述中国成语"己所不欲，勿施于人"，出处不是中国典籍，而是《新约·马太福音》（第 7 章第 12 节）和《路加福音》（第 6 章第 31 节）。一方面我们感叹，人类的认知能力、理解能力、感受能力何其相似?! 另一方面我们发现，很多思想和认识其实是在我们之间相互流动和彼此产生影响的。

其次，由于受到自然条件和历史发展进程等因素的影响，中国人和欧洲人的"民族精神"出现明显的差异，表现在世界观上，欧洲人更加重视人与上帝的关系，中国人却只关心人与人之间的关系。欧洲人通过上帝或者抽象的观念来论证现实（即所谓的"规范性"思维），中国人却通过现实来总结规律（即所谓的"实证性"思维）。欧洲人历经战乱而企望创建和平，中国人则在相对和平环境中探寻社会公平与和谐。欧洲人比中国人更早地将视野扩大到全球，而中国人被迫改变天朝即天下的观念，如此等等。

最后，我们面临的问题来自全球化。在全球化时代，欧洲人和中国人开始共同面对同一个世界、同一个天下，他们之间的各种联系急剧增加，人员交流、物资往来、习俗影响都与日俱增。但是，欧洲人继续通过上帝赋予的规则看待世界、理解问题，而中国人则从和谐社会的规则，从他们的传统和经验出发来看待世界、理解问题。所以，中国人和欧洲人之间的误解也随着交往的增加而增加。

无论欧洲人还是中国人，都不会否认他们共同和类似的追求：我们都追求和平、繁荣和富足。但是，由于我们处于不同的社会历史发展阶段，我们是用不同的方式和思维，并通过不同的途径去实现那些在我们之间可以相通的那些理想。我们是否能够认同这两种努力呢？中国在三千多年前有一个典籍，叫做《周易·系辞下》，里面讲道："天下同归而殊途，一致而百虑"，讲的是，要想到达同一个目的地，可以通过不同的途径。这句话后来就变成了中国的一句成语，叫做殊途同归。如果说我们的终极目的是相通的，那么这个终极目的就有可能产生共同的利益。为了这个共同的利益，人们尽管可以有很多不同的想法和做法，但只要这个终极目的是共同的，并且是合乎道德的，不以牺牲他人为代价的，那么就应当可以容忍方式和道路的不同，也应当通过交流和互补使得人类能够更快地接近这个目的地。

客观条件的差异性将在很长的时间内继续决定人类实现理想方式的多样性。不过，形成"民族精神"的那些要素：语言沟通、信息沟通、理解沟通这些自然条件在全球化的条件下开始缓慢地作用于整个人类，使得人们的追求和方式都日益接近，语言逻辑和方式方法也在相互沟通，不同途径的相互包容和影响，应当成为我们的"时代精神"。有没有这种可能呢？我想要使一种相互包容和尊重的时代精神，不流于艾柯先生所讲的那种肤浅，我们还需要进行更多的思想和心灵的深度交流，更多地理解我们不同的世界观背后的那些现实存在，包括理解资本的地位、政府的作用、民众的精神等。理解得越多，我们离真实越近，我们的世界也就越和平，越有可能创造繁荣和富足。

从个人主义方法论到
关系主义方法论

赵汀阳*

非常高兴能够有这个机会和大家一起讨论一些重要问题和分享看法。我要讨论的是如何解决冲突和建立合作这样的问题。或者说，对于冲突我们可以有什么样最优的理性解决。冲突是我们今天最大的问题，也是人类一直没有能够有效解决的问题。我的题目就叫做：深化启蒙：从方法论的个体主义到方法论的关系主义。

人类根据未经证明的观念去创作制度和规则，进而决定人类命运，这是人类最大的冒险。可以说，人文知识是关于人类命运的知识。自然世界的创世可以由科学或神学去解释，但文明世界的创世尚未完成，因此不可能有定论。文明是一个开放的概念，也许永远无法证明何种生活方式是最好的，但有一点可以肯定：人类的冲突乃是人祸。

人类深陷于自我制造的各种冲突中，从军事战争到经济战争，从资源争夺到社会斗争，从国际冲突到文化对峙。如何克服冲突形成合

---

* 赵汀阳，哲学家，中国社会科学院哲学研究所研究员。

作，这是人类一直未能解决的最大问题。现代的哲学、经济学、政治学、社会学和博弈论已经对冲突问题有着足够清楚的认识，可是我想追问的是——为什么还是无望解决冲突问题？我愿意相信苏格拉底是对的：无人自愿犯错。可是为什么人们仍然错误地选择了冲突？合理的解释是，现代知识存在着严重的方法论缺陷。

现代政治的最大成功是个人权利，而最大错误是把自私合法化。冲突并非因为自私而是因为贪婪，贪婪就是所谓利益最大化。自私是自然天成，贪婪却是文化造就。现代个体主义承认自私的自然性，这没有问题，但把自私合理化，却制造了一个错误的文化事实。被确认为正当的自私必定膨胀为贪婪，因为理性化的自私反而是非理性的。人类的贪婪已经威胁到自然资源、社会安定和世界和平。贪婪几乎解释了人类的全部悲剧。

现代社会科学广泛使用的"方法论的个体主义"是大有疑问的（我指的是从霍布斯、洛克、康德到韦伯、海耶克、罗尔斯以及当代大多数经济学家、政治学家所使用的方法家族），虽多受批评而未被替代，因为尚无更好的方法论。经济学家和政治学家已经仔细解释了各种困境，诸如囚徒困境、搭便车、公地悲剧和反公地悲剧、不稳定的权力均衡、靠不住的霸权、适得其反的制裁、遏制或干涉、无计可施的国际无政府状态和文明冲突，等等。可是，如果对问题的清楚认识无法做到对问题的有效解决，那又有什么用？显然，认识问题不一定能够解决问题，描述的方法论不等于求解的方法论。求解问题的方法论之薄弱和不可靠正是现代社会科学的缺陷，它使社会科学具有一种反讽性质：问题都清楚，就是没办法。

问题在于，当一切利益和价值以个人为准，排他利益至上，就在逻辑上拒绝了解决冲突问题的可能性。种种困局令人烦恼的共同点是：个体理性很难导致集体理性。更坦率一些，应该说，个体理性的结果往往是集体非理性。我们有理由疑心，个体主义游戏本身是错的，因为人们玩得越精明，情况就越糟，各种精妙的个体主义策略都只能使人们在集体非理性的陷阱中越陷越深。根本原因在于，个体主义思维是单边主义的，由单边主义视野所规定的个人理性一心追求排他利益的最大化，可是因此必定导致他者不合作，所以总是事与愿违。这是个体主义的宿命或逻辑。

问题总是源于起点。霍布斯以人人冲突的自然状态作为起点，这使得从冲突到合作的进化成为一个类似"无中生有"的难题。从霍布斯到罗尔斯的种种令人赞叹的解法都弱于自私的力量而无法阻止冲突卷土重来。荀子对初始状态有不同理解。荀子相信，个人无法独立生存，因此，初始状态必定是社会合作状态，然后，分配不公才导致了冲突。这是荀子悖论：合作是每个人之所需，可也是形成冲突的原因。霍布斯的冲突是无解的，因为自私人性不可改变；而荀子的冲突是可解的，因为关系可以改变。更重要的是，荀子发现了希望所在：即使在冲突的环境中，也至少存在一种最低限度的不可还原的合作，这才是合作得以进化的坚强基因。就是说，合作不可能无中生有，而只能由少到多。可以想象，有合作基因的社会科学比以冲突为基因的社会科学更能促进合作。

我想讨论一种由儒家思想发展出来的"方法论的关系主义"，或许有助于求解冲突问题。方法论的关系主义以关系作为基本单位去分析人类行为和价值观，思考重心不在个体而在关系，但并非否定个体利益，而是优先确保关系安全和关系利益以便更好地保证各自利益，优先考虑关系的最优可能性以求开拓更大的可能利益和幸福。方法论的关系主义与其说是一种伦理主张，还不如说是另一种更为合理、更有远见的理性计算方法。孔子相信利益与道德之间存在着某种结合点。假如孔子听说了"存在推不出价值"的休谟理论，他会同意，但他可能会补充说，价值能够推出最好的存在。在此意义上，方法论的关系主义就是试图发现一种更好的存在方式。首先是要建立一个更合理的理性概念，以中间人视野的关系理性去代替单边主义的个人理性。

我想通过一个"普遍模仿测试"游戏来说明关系理性的重要性。假定人人都追求排他利益最大化。每个人都会模仿别人更成功的策略，于是，任何能占他人便宜的策略都将很快失去优势。当人们用尽并互相学会所有的博弈高招，就会出现"集体黔驴技穷"的策略对称均衡。问题是，被普遍模仿的最得力策略有可能人人得益也可能人人受损。我们的检验标准是"无报应性"：如果一个策略被普遍模仿而形成作法自毙的反身报应，它就是经不起普遍模仿的失败策略，或者说，如果一个策略被普遍模仿而自取其祸，就被证明是坏策略。

显然，只有关系理性策略不会作法自毙并使各方满意，因此经得起普遍模仿检验。可以这样解释：关系理性优先考虑的是最优相互关系而不是最优单边策略，这意味着优先考虑的是互相伤害最小化，然后才是排他利益最大化，这才是最强的风险规避。只有在互相伤害最小化的条件下，自身利益才更为可靠。关系安全（互相伤害最小化）和关系利益（互助和协作）是每个人的可及利益的限度和必要条件。追求排他利益最大化的单边主义无法解决冲突问题，也就永远处于风险之中，难免自取其祸，这反而不是真正理性的选择。即使求助公平规则，个人主义也仍然不可能增进幸福。可以考虑"分蛋糕"的老故事。按照个人理性，最优分法是"我切你挑"，这是最公平的。可是从关系理性来看，公平是不够的，情义更重要，更好的分法把较大的分给更迫切需要或更应该照顾的人。这种处理方式在合理的利益分配之外还创造了合情的人心交换，因此更可能成为和平和合作的可靠基础。无论在风险规避上还是在长期回报上，关系理性都比个人理性更为理性。

不过现代个体主义已经制度化而积重难返，它有两个方面迎合了人们的贪婪：一是创作了政治上的独立个人并且划定了种种似是而非的"个人政治边界"，以人权为名推卸人义而使人们互相疏远，为保卫权利而神经过敏；二是对排他利益最大化进行无理的合法化，而排他利益最大化本身就是侵略性的，因此增加并深化了本无必要的敌意和冲突。回归失去的美德并不现实，但发展一种害处最小的理性思维来替换个体主义却是可能的。与"强者无敌"的现代信条相反，孟子"仁者无敌"观点可能是对的，其秘密在于，仁者更安全，不是因为打败了一切敌人，而是因为他没有敌人。我相信，关系主义是对理性更深刻的理解：冲突最小化是利益最大化的必要条件。

方法论的关系主义试图以更为审慎的眼界去寻找更为合情合理的解法，以克服多元世界和多元文化社会的精神和利益冲突。只有以关系为准才能更好地定义和解释普遍价值和理性选择。关系主义的基础是共在存在论，它不同于一般存在论。有关存在的一切难题，无论冲突和合作、战争与和平，还是幸福和不幸，都只能在共在之中去解决。所以我愿意说，共在先于存在，更好的关系创造更好的存在。由此可以理解为什么儒家首先追问的是最优关系。

在建构现代的意义上，启蒙早已结束，但康德希望"摆脱人类自陷其中的不成熟状态"的启蒙目标却尚未完成。如果理性不能创造和谐而相反加深了敌意，理性就仍然有缺陷；如果理性增强了互相伤害，却不能增进互相信任和幸福，理性就仍然可疑；如果人以理性之名而选择了作法自毙的行为，就仍然不成熟。因此我们需要深化启蒙。个人理性制造问题，交往理性谈论问题，而关系理性将解决问题。于是，深度启蒙，或者说是第二启蒙，需要以关系理性去改进理性的概念，去建立为共在而不仅仅为存在着想的理性。也就是说，现代所建立的个人理性，在今天已经不够用了。在全球化时代，我们需要第二次启蒙来建立关系理性。人类既需要"敢于求知"，也需要"乐意分享"，并且"勇于分担"。可以说，第二启蒙试图以理性的理由去复兴被现代所贬值的根本价值：真、善、美、正义、和谐。如果改变不了世界，就先改变世界观，而世界将因此改变。

多元现代性的形成与反思

引　言

　　选用梅洛－庞蒂的一段叙述作为多元现代性讨论的开始。梅洛－庞蒂曾表示，历史学家的任务是掌握一种"公式，该公式是针对他人，针对自然、时间和死亡的一些独特行为方式的总和：即模仿这个世界的某种方式，历史学家能够掌握并独立利用这个世界。这些是历史的维度。"本质上，这也是雷因哈特·柯塞勒克概念历史体系的基本立场以及施密尔·艾森斯塔特的历史社会学的必要修改，除此之外人们可能认为还要加上汉斯·约纳斯的人类学普遍主义。如果一些不可避免但采用不同表述方法的人类存在维度没有一个焦点，系统地分析文化和制度转型的主要阶段，无论是先古时期的轴心期转型还是现代性的形成，都是基本上不可能实现的。文明的分析是很少，它只能是一种文化层面上的传统制度介绍的修改版，具有该分析的各种前后

---

* 尤恩·维特洛克（Björn Wittrock），社会学家，瑞典乌普萨拉大学教授。

关系的局限性和先入为主。很多（尽管不是所有）当代历史社会学家都明确地或暗示性地表示倾向于这一分析。

施密尔·艾森斯塔特在一个月以前去世，他在当代社会学界是一位文明分析的创新巨擘，作为一名学者将多元现代性概念引进到社会科学理论的核心部分。在过去的四十或者五十年时间里，为了重振文明分析并将其与主流社会学接轨，他所做的工作比任何学者都要多。至今没有人能够摆脱帕森斯传统，帕森斯传统与现代性中的代理理论、历史论以及张力和二律背反具有同样的作用，或者说是（使用施密尔·艾森斯塔特曾经准确自造的短语）多元现代性的文化和制度系统。如果施密尔·艾森斯塔特是一位马克思主义者，他将很可能被誉为唯物主义推理的大师。事实上，他强调任何生成或者至少是允许对立面出现的社会趋势所具有的张力、二律背反和倾向，这与马克思主义理论具有共同的思想根源，但是如果事实果真如此，这一思想很可能已经基于施密尔·艾森斯塔特的老师马丁·布伯的唯物人文主义而发展成为社会学。

还有施密尔·艾森斯塔特对于文明分析最具开创性的两项贡献，即多元现代性的产生和轴心时代思想的再形成。

这两种思想在最近几年中已经成为社会学自反性的主要典范，并且已经离开了社会学的专有领域进入公开讨论阶段，同时被通俗作家甚至顾问和一些领域的从业人员采纳、使用。多元现代性思想即将在公共话语中成为取代文明碰撞概念的主要替代品。谈到社会背景中文明分析对于社会理论的相关性，很难找到比这更具有说服力的例子。

多元现代性思想的论述反映出了现代化进程传统社会学分析的以下三个特征：

• 一种在现代和传统社会之间呈现二分法的趋势以及忽视长期变革过程和突出在历史证据面前经不起考验并据称为前现代社会的静

态观点的伴随趋势；

- 将特定社会的体制发展趋势作为一种标准，所有其他社会取得的成就可以依据这一标准来衡量；

- 一种仅仅注重技术和狭隘制度变革，无视文化基础和社会变革前提的趋势。

理解现代性

然而，我们也许可以从检视某些通用术语开始。这样，当我们谈到现代性和现代社会的时候，能够了解其中的含义。第一，我们在发言的时候，可以如同我们为世界历史中的一整段纪元取了一个全面性的名称——现代时期，以区别于中世纪时期或者古典时期。通过这一术语定义，我们就可以合理地谈论某些问题，如关于现代时期究竟从何时就已经存在，现代社会的起源是什么，或者现代社会是否已经事实上抵达终点。第二，我们在发言的时候，就像我们正在描述特定时间特定社会背景下的不同现象和进程。我们可以说一个国家的某个产业细分所使用的技术是现代的，但是家庭模式不具有现代性。但如果要确定一个国家不同的制度和现象在何种程度上被描述为现代性，则是一个实证性的问题。

第一种观点提出了现代时期从什么时候开始到什么结束的问题。一旦这个问题得到了确定，是否我们生活在一个或者多个现代性中的问题就变得无关紧要了。从这个观点看，我们都生活在现代时期，存在一个但不是多个这样的时期。然而，在这一纪元框架内，文化模式、信仰和责任以及体制的特殊性显然是变化无穷的。我们可以谈到不同的现代性种类，但是"现代性"一词本身指的是它与其他不同变体的共同特征，这是因为这些特征使得我们能够在起初的时候谈论现代时期。

这种用法将会有助于撰写并追溯历史。然而，如果我们还要做一些分析，当我们使用"现代"一词定义一个纪元的特点时，就不得不依赖关于那些体制和实践具有定义性质的划分。由此直接产生了第二种观点，即必须肯定一些实在的东西。我们必须了解哪些体制和习惯是现代的，哪些体制和习惯不是现代的。如果一些主要的起决定作用的体制和行为方式是现代的，那么这个社会就是现代的。在不同的国家，起决定作用的体制和行为方式在一定程度上不断出现强有力的一致性和相关性，现代社会合流的假设可以说是已不断获得了实证支持。判断任何两个国家是否具有同等程度的现代性，与这两个国家之间是否存在其他的差异是不相关的。不幸的是，就在这一点上，可以确切地说，合流理论某种版本的支持者及批评家倾向于合并一些概念性和实证性的问题。

这些支持者经常从塔尔科特·帕森斯的作品中汲取灵感，倾向于谈论各种社会趋势和价值观变革，为他们各自的假设找依据。然而，在对现代社会所具备的必要条件下定义时，很少有人能够给出满意的答案。相反，这些支持者倾向于无休止地深入挖掘实证性的问题，如美国和欧洲以及世界其他地区的家庭是否以相似或决然不同的模式在发展。这个问题通常很有吸引力，但是除非合流主义者已经清楚地告诉我们，这些与现代性的概念有哪些关系，这些实证性的讨论只能将现代社会统一性或者多重性的基本问题模糊化。合流主义者最大程度上形成的概念是提及了某些宽泛的趋势，如"工业革命"、"民主革命"以及"教育革命"。在过去两个世纪的进程中，这些趋势的演化至少在世界的某些地区且最终在世界的每一个角落都应该是非常类似的，在此基础上我们可以谈及全球现代化。关于这一类型术语存在的问题来自两个方面。

首先，合流理论的支持者大致倾向于将一个特定社会，即美国视为一种标杆，来衡量其他社会在实现现代化的充分程度方面取得的成功和失败。如果标杆指示在诸如方向性、宗教实践或者家庭关系方面存在很大程度的差异，该理论的支持者倾向于不否定或者修改原有的假设，相反，这些支持者倾向于表示该理论最终会在未来的某一个时间得到肯定。从长远来看，这不是一个非常令人满意的过程。

其次，即使我们将注意力仅限于北美洲和西欧在 19 世纪和 20 世纪的工业化和民族化过程，各国之间也显然存在着很大差异。如果我们认为这些国家在这一历史时期有大致相同类型的经济和政治体制，则不是很恰当。如果这仅属于某些技术特殊性和分化的问题，我们不需要关注各种现代社会，或至少是各种现代西方社会合流的基本问题。然而，事实恰恰相反。在过去的两个世纪，西方国家之间在如何以最优化的方式组织社会、市场经济和现代政治形态方面存在很大的差异。

我们已经得出结论，即现代性的时间概念最终依赖实存性概念。然而，正如我们刚刚粗略说明的那样，一个实存性概念是在一些政治和经济秩序的关键社会体制普遍性方面定义现代性的，这似乎将会导致一种非常荒谬的结果，即认为现代性即使在欧洲这样的环境中也只能有一段很短的历史。在 20 世纪某些时期，现代性突然被削减为只在西欧的某些地区才能发现的现象。事实上，如果将现代性视为西欧的一般现象，相关的期限恐怕要在第二次世界大战之后，如果将全欧洲地区计算在内，则现代性的历史更短。现代性几乎还没有到来就见证了后现代主义预言家预言的现代性的终结。鉴于制度历史的各种事实，我们的结论在所难免。然而，19 世纪进程中在整个欧洲范围内有无数文献、政治以及学术论文都在争论即将到来的现代时期，这无疑是一种讽刺。这使我们不得不问到这样一个问题：在欧洲是否曾经有过真正的现代社会？也许欧洲制度从来没有像社会学家声称的那样现代。也许现代性的理论只是 19 世纪末期社会科学的一个思想体系。

对于这些假设持肯定反应的人当然有一些道理。然而，作为一般陈述，却会产生非常严重的误导。事实上，两个世纪以来在欧洲乃至世界范围内，制度和学术领域曾经有深刻的量变。不幸的是，社会科学在解释这些变革存在一致性时遇到了很大的困难。一个主要原因是，只有在重新引入现代性文化体制之后，才能作出该种解释，社会科学忽视的恰恰是自己的遗产方面。现代性制度无论在一个民主的单一民族国家、自由市场经济或是以研究为导向的大学，都将无法理解，除非人们承认现代性制度的根基在于深刻的概念变革。最终，这些制度以关于人类、人类权利和代理性方面的假设为前提。这些概念性的变化需要约定性的注解，即构成新的隶属性、身份和最终制度性现实的注解。

期约在这个意义上假定满足了六个条件。

第一，期约指的是迫切需要得到之物，这一迫切需要得到之物可以是有关特定社会成员能够实现的成就的声明。这样，期约不只是一个模糊的欲望或者转瞬即逝的偏好。它是指一种可以用明确术语表达的事物状态。

第二，这种事物状态不仅指个人的状况，还指一个社会的状况。

第三，这种事物状况不是总体上希望的事物，它可以有效期待并且可以被视为鉴定持有的价值观。

第四，因此它取决于其对假定群体中人类成员的性质和历史所持观点的有效性是否具有肯定性。尤其是现代性的期约取决于关于人类在历史上的位置以及关于政策和社会属性的恰当形式的一系列人类及其单独和集体行为能力的新概念表达。最后，这些假设已经与一些文化中内在的最基本本体论和宇宙哲学的最基本思想联系起来。

第五，在任何特定时间，一个社会普遍的政治制度可以体现和表达一系列的期约。换句话说，这些体系下的社会成员感觉自己有权设想一些有效和合法的期待，并且视这些期待为理所当然，这些制度暗示该种期待的合理性。认识到任何政体都对这些期待作出暗示，这是非常重要的。同样要认识到任何新的期约都根据这样的背景而制定，这也是非常重要的。因此，这些期约将在现有政治宏观体制和官方的合法期约并存的大背景下得以表示出来。随着新期约不断呈现，它要么重新肯定或重新激活原有期约，要么否定和超越原有期约。在主要文化汇集的时期，后者的模式（否定和超越）将是最普遍的。

第六，期约不只是原则上可以表达的，还必须置入某种公众论坛中。在现代，这些论坛已经具有了某种特有的类型，即公众领域。公众领域是指一些将共同事务作为辩论和思考的焦点论坛，但在这些论坛中，言论权不只是由统治者掌握并且采取统治的形式。言论权在原则上必须是开放的，它不仅指向统治者，还经常在旨在影响或者改变政治和官僚领域中被利用。

这样的话，现代性不能只等同于一次成功的工业和民主革命。它必须从期约的角度来理解，而期约在辩论、建立隶属关系以及创建新的制度形式方面作为较为广泛的参考点。广泛参考点一词是指，期约不仅仅作为各种实现期约思想的项目和建议的出发点。具体地说，由于期约成为了广泛参考点，期约还作为反建议和尝试重新建立原有制度形式中所包含的期约的出发点。

从这个角度来说，现代性时期的主要特点是，象征性现代制度的反对者无法表达其反对意见，只能参照现代性思想制定其规划。

因此，现代性可以被理解为基于文化而形成，基于制度而确立。期约可以作为辩论和政治对抗的广泛参考点。然而，这些广泛参考点不仅成为了思想对抗的焦点，还为制定新制度提供了组织性原则。只有在这一角度上，谈论现代性以及两个世纪以来现代性如何在欧洲的历史上演进才有意义。

尽管与早期融合阶段具有极大的相似性，但在 18 世纪之际新宏观社会制度的文化体系为世界历史的新时代搭建了舞台。这一结果并非因为理性和启蒙方面的成功突破。事实上，即使只关注西欧某些地区，在某一具体时刻能够真正实现与现代性相关的制度体系这一观点也是非常具有误导性的。不但如此，上述制度实践的安排，如平民社会和与国家权力相关的公共领域所起的作用甚至在西欧不同地区也各有差异。

因此，一个有意义的现代性概念即便在历史上不被复杂流程和事件所误导，正如我们强调的，也必须将不同制度体系的关系引入文化和认知体系。之所以如此，不只是因为这些制度展示了不同于以往的特征。关于使用"现代性"一次的一个同等重要证明，必须与这些新增制度的目的期约有关系，与制度体系在某种程度上建立在关于代理、历史意识以及先前新社会制度理性作用基础之上有关系。

现代世界是在欧洲大陆西北边缘的工业化、城市化和政治动荡的过程中产生的。这一系列过程引起了全世界范围内的社会转型，欧洲、北美的杰出成就深刻地影响了这一进程，早先的政治和文化秩序几乎从人们的视野中消失了。远非只是"传统性的"，这些社会在14～18世纪，在世界不同地区演化的过程中，经常经历激烈的内部变革。以下我们举三个例子，即中国明代、日本德川时代以及印度莫卧儿帝国。

然而，在欧洲背景下的现代性的形成过程不同于世界其他地区和欧洲其他历史时代的发展。当然在两个世纪的进程中，欧洲走上有特色的现代社会道路有自己的根基。因此，当四个互相关联的深层次社会转型发生的时候，我们有理由说，12世纪和13世纪欧洲人的生活中已经出现了早期的现代性。历史悠久且事实存在的基督教和世俗权力分离现象不可能被克服，而只能继续作为西方基督教世界政教合一的主要特征，而所谓"教皇革命"之后的自发实现是其中一个主要特征。同样重要的是后来的"封建革命"，其卷入到不同公共言论所追捧和支持的多种权利和义务的关系中。

城市生活水平的提高，即城市革命，不仅刺激了贸易和经济活动，还倾向于涉及涵盖广泛的市政自我管理。在神圣罗马帝国的某些地区，有效的帝国权力已经被大大地削弱了，如北部意大利，新的城市共和统治开始出现。有时候模仿共同行业协会的形式，城市共和国政府对欧洲的政治统治制度产生了深刻的影响。在同一时期，大学作为一种特殊类型的自治法人机构形成了，它至少可以摆脱教会享有部分自治权。这为学术活动本身的学术革命以及可能的多层次知识活动搭建了平台，这一平台建立在全欧洲范围内多重性政治和制度竞技场上，而这些竞技场还没有构成一种群体秩序，即西方基督教世界的一部分。同样，从15世纪晚期开始这种政教合一秩序的垮塌和按照地域划分政治的出现，为此奠定了独特的前提条件。

在一系列基本持续的过程中，政治、经济和指示转型互相补充并互相约束，这为欧洲现代性的形成提供了一种可能性。实际上有一种具体的发展路径，产生于欧洲大陆沿大西洋地区，这些地区以多样化的知识和政治论坛作为主要特征。我们有可能在时间和空间维度上追踪模拟性社会组织形式的扩散情况。这一追踪将涉及在中欧和中东欧广大地区范围内，对于西方基督、议会集会、城市自治以及作为学习场地的大学的分析。它将对文艺复兴、宗教改革、科学革命、建立国家地域划分相互平衡系统以及启蒙运动的影响进行追踪，并推动形成新型政治秩序的大型革命的影响，为历史上不同纪元或者时期一些持续流动但结构松散的时间提出一些牵强的概念似乎不太可能。这样一种解释可能会不可避免地在历史变革方面产生一些复杂性，而对于理解这些事件毫无益处可言。尤其是，这样一种解释可能会低估18世纪末和19世纪初欧洲在制度和知识术语方面产生的分歧。这些事件并不是平白产生的，而是涉及一种极端的全新现象的出现，即迥异的现代社会形成。

现代性的制度形成

18 世纪末，在深入文化转型之后，一系列迥异的新型制度体系出现了，这些体系基本上可以作为现代世界的象征。其中一个体系是一种关于以自由市场经济形式而不是管制的重商经济形式出现的经济组织。同样，政治秩序逐渐被概念化为一种由同国人构成的现代民族－国家或者由全体公民构成的构成型共和国，而不是统治者和臣民间的君主专制。在私人互动领域，人们要求在法律上受到保护，在保护范围内国家只能在有具体、明文规定和可预见的情况下才实施干预和实施制裁。

因此，公共领域性质和政治秩序侧重于建立在一种本体论的设想，即新的人类本性这一基础之上。道德生活的思想第一次提出将激进、不可逆转的原则性立场作为自己的前提，按照这一立场人人享有平等参与公共领域和国家宏观制度的权利。在这种意义上，欧洲现代性的形成不只是另一个轴心时代或早期在欧洲出现的世俗和神圣权力分歧的时代。

在政治领域内，新生制度指的是一种政治秩序概念，不仅在沉默容忍还在积极默许和参与方面制定宪法和法律。因此，参与平民主权的要求补充了几个世纪以来以政治集团和议会形式出现的代表思想。在欧洲的西半部，与上述思想关联的大潮，即塔尔科特·帕森斯称之为民族革命，在 18 世纪末～20 世纪中叶成功地越过了边界，从而形成了政治生活的恒定特征。在政治方面，逐渐限制了君主立宪制政权，最终被某种形式的议会民主制取代。欧洲的中、东部地区在第一次世界大战之后也未能完全从君主专制过渡到君主立宪制。

在私人领域，存在平行性的发展：原先人们要求王室统治者远离仲裁干预和暴力，但后来人们又呼吁所有政府行为应该有一个法律和理性依据。因此，官方行为建立在法治的基础上才是合法的，并且法治应该是透明的并且允许行为的结果是可以预期的。只有当政治秩序的性质接受法治为一种基本原则，而不是将王室统治者的意志作为其行为的基本原则时，这种透明和可预期性才能够实现。一些（但绝不是所有）欧洲国家在要求法律保护和法律秩序广泛应用方面有着悠久的历史。然而，18 世纪末人们对这种要求的呼声日益强烈。此外，商业和工业的新要求更是增强了上述要求的迫切性。

新的公共领域除了产生于法院、学院和沙龙之外，还产生于皇家制裁和管制范围外。无论是在学术、政治抑或是艺术生活之中，人们都建立了论坛，这些论坛的基本思想是，公共言论权不应该受到迫害或者审查，而更应将政治和公共生活中的观点表达出来。我们可以说，这些论坛存在的前提是拥有合法的言论权，而不仅仅是针对乃至批评国家官方权力。

这些不同的制度体系在什么意义上构成了一种我们可以与现代性概念联系在一起的社会形式呢？很显然，如果表示这些体系在其知识理念的时刻在欧洲环境中广泛实现，可能就会有很大的误导性。再没有比这更荒谬的了。事实上，在此后的一个半世纪以来，新的制度体系一直处于危机四伏的状态，在欧洲的实践活动中具有非常大的争议。19 世纪末期，其至我们只把注意力集中在欧洲的西半部，在这个区域里我们看到的大多数欧洲国家采纳的仍然是君主立宪制，而不是议会民主制。而在欧洲东半部，正如前面指出的那样，19 世纪末君主专制也未能完全过渡到君主立宪制。

事实上，在第一次世界大战前夕，全欧洲的激进保守主义者的各种言论认为，1994 年将终结 1789 年遗留下来的有害影响。第二次世界大战以前在真正世界性选举权方面，现代政治秩序没有成为一个充分的制度。尽管有上述事实，我们仍然有机会以一种有意义的方式谈论现代性及其制度体系，并将其作为一种具体表达的社会现实：一套新的期约。人们在 18 世纪末制定、宣布甚至部分执行了这些期约，尽管时间很短但逐渐在全球范围内形成了相关联性。这些制度体系引发了旷日持久的扯皮和制度斗争；在欧洲背景下，这些制度体系再也不能摆脱相关斗争的关注。托克维尔在他的备忘录中清楚地表达了这一点。

维也纳会议和神圣同盟代表了人们全部的努力成果，力图忽视法国革命的后果影响并恢复"旧制度"，使欧洲传统得以保全。非常明显，这一计划在法国背景下是不可能实现的。甚至支持复兴各方面力量的政治思想也认为，恢复法国革命前的知识环境是不可能的。相反，法国在 19 世纪前 20 年中不仅经历了后革命反动思想与激进政治思想的对抗，还始料不及地经历了一场浩浩荡荡的自由言论革命。同样，1806 年普鲁士人击败了拿破仑之后，在很短时间内很有魄力地完成了基本改革工作（如果在国家集中领导下）。然而，其所具有的意义远远超出了各国本土的范围，而成为知识和政治生活的一个确立的特征。甚至在采取专制的俄国，1825 年爆发的十二月革命虽然很轻松地推翻了政权，但这不是一次孤立的事件而仅是第一次，在接下来的一个世纪里产生了很多决定性的现代主义政治体系，往往这些体系具有孤注一掷的性质。

新的制度体系无论已经被采用还是（如通常情况下）被否决，已经不可避免地成为了真正具有全球规模的参照点。正是因为这种特征，人们在谈论现代性时，不会不公正地为一种无法把握和复杂的社会现实施加一种固执的甚至误导性的制度阻塞。因此，现代性不可等同于对几项哲学原则的普遍认可或者对几项制度体系的支持和执行。在历史上，任何欧洲国家从来没有存在过这种广泛的支持。广泛地采取几项制度直至最近才开始产生，并且仅限于欧洲的一些地区。不但如此，甚至当这些制度在早期成为一种社会现实时，其内部关系也存在着差异。更重要的是，人们迫切需要重新思考关于所有期约组织方式的坍塌。

对两个世纪末的反思

19 世纪末和 20 世纪初，欧洲和美国的知识、政治和文化精英在自我理解中，可能都认为现代性的危机马上就要克服了。因此，一个无法驾驭的市场经济造成的威胁可以通过为人们广为知晓的社会政策来应对。上一个时代幼稚的科学决定论，可能通过强调意志的重要性和美学的判断来克服。用斯特林堡那句著名的话来说，过时和效率低下的贵族仅全神贯注于管理自己的酬金，他们可以由一种适合于现代宪法政体的法律并理性的贵族来取代。世界博览会昭示着航空和照明新时代的到来。这一时代里，工业将在没有污染的情况下发展，社会将在尊重传统价值和技术上得以变革，城市将在园林和新发明的绿地环境中发展，全球将在交流和运动中减少摩擦，人民将在远离争斗的条件下安居乐业，国家将在没有战争的时代里竞争，国家将在殖民事件和奥林匹克运动会中得以觉醒。对于一个民族日趋重要的科学将在国际会议中蓬勃发展。

对于世纪之交的自由派人士，宪法规则、财产权利和议会民主在文明世界中随处可见。确实，甚至殖民地在达到成熟所需的水平后，都有可能在恰当时机上升到自治领和平等合作伙伴的地位。我们可以构想出一个世界，这里具有适度文明、人人自制、政治内部自治，暴力和失控的冲动被约束到文明世界的边缘地带，无论是遥远的沙漠、山区还是无法涉足的人心和大陆，即黑暗之心。

毫无组织的广大民众曾经参与武装起义并建立了巴黎公社，可对于保守派来说，巴黎公社的噩梦已经永远平息了，社会秩序又恢复了应有的平静。保守的知识分子甚至持这样的观点：1789 年容易造成分裂的有害思想归因于过去的思想体系。同时，社会主义者对逐渐增加议会代表权和建立工会充满信心，社会主义党派则立足于持久和平的坚定信念，自豪地宣称新世纪将成为社会主义的世纪。一些持乌托邦观点的人士甚至认为新世纪将成为孩子的世纪，如果真的是这样将成为人类历史的新纪元。

今天，在一个世纪行将结束的时刻，这些对于久远时代的期待只能引发伤感。20 世纪的悲剧规模如此之大，即使我们对此有所认知，但还是超出我们的想象。那场大型战役中，想一想，每天有成千上万的士兵得到自己祖国政府的许可以及民众的祝福之后被派往前线接受死亡，对于今天的人们来说几乎是无法想象的。事实上，这场战争的血腥程度很快超过了 16 世纪和 17 世纪宗教和内战的恐怖程度，因此实在无法揣度，此时社会主义者与和平主义者如何能想象持久的和平和世界性的团结友爱转瞬即至呢？

今天当我们重新阅读关于第一次世界大战的叙述时，了解到东欧国家的城镇和城市居民非常热烈地欢迎德国和奥地利的部队，因为在排挤俄罗斯的同时，这些部队似乎正在给人们带来秩序和安全，我们正在阅读的资料就好像来自一个未知并无法想象的世界。今天我们甚至很难读懂克劳斯·曼的传记作品——《转折点》，也很难认识到德国在布拉格的高水平文化实际上属于犹太文化。卡夫卡以让人揪心的笔触讲述了人类的劫难，《在流放地》是其中一本最让人感觉恐怖的小说，要从中了解 20 世纪 30 年代和 40 年代发生的事情，是极其困难的，但是让人感觉更难受的是，20 世纪 20 年代当在布拉格的文学沙龙朗读这本小说的时候，甚至遭到人们的哄笑，好像在聆听关于脆弱的人类生活条件的幽默叙述。

现代性：统一性和多样性

现代性因此可以在与一系列文化、制度和宇宙哲学转移方面并带有全球意义的结合中划分。今天，当人们谈论关于现代社会的统一性和多样性时，学术言论之外有两种立场占主导地位。

首先，有一种观点似乎可以被我们冠以自由历史主义。苏联解体时，人们迎来了自由民主和市场经济，最近几十年中，这些制度以一种特别的形式在北美和西欧得到充分的展示，并且据信已经为社会组织提供了单一的合法模式。这些形式在不同的时间段必将被全世界人们接受。无须赘言，这一观点的支持者不会天真地认为，这一全球性的扩散将会使世界发展成为一个文明或者甚至语言学上的同质世界。然而，我们没有理由期待将会产生一种根本性的超越各种自由制度安排的制度创新。

如果的确出现这种创新，按照黑格尔的观点是不合理的，并且可能会造成脱离现代，不会发展也不会变化。哲学家理查德·罗蒂很好地理解了这一意义："更重要的是，我认为当代的自由社会已经包括了为提高自己所要的制度……事实上，我的预感是，西方社会和政治思想可能已经发生了其需要的最后一次'观念'上的革命。"其他不太成熟的自由者已经表达了自己的信念，即未来将会出现一个全球性普遍的政治和文化秩序。有讽刺意味的是，这些观点倾向于展示的很多特征与作者本国的政治文化具有相同之处，如同黑格尔的观点曾经与 19 世纪初期普鲁士的观点很相似。在这个意义上，这些观点将会与合流主义所讨论的观点一样，遭到人们的质疑。这些观点可以说将单一一国的经历升华成为世界性历史标准。然而，这种立场可能会遭到否定，而代表全球普遍性状况的现代性思想可能被保留下来。

其次，有一种立场将注意力集中于当前的文化生活形式排列上，并且为每一种形式分配了一种更大的文明实体。这些实体看上去好像构成了类似于文化构造板块的事物，这些板块彼此移动，有时候凶猛地互相碰撞，但是很少并入彼此或者与彼此混合。至少自汤因比以来，在基于这一观点的国际关系研究中曾经存在一种可能构成传统的东西。有时候，如在汤因比及其跟随者中，这种观点是理解甚至是尊重文化形式多重性的基础。在其他情况下，这种推论更是根深蒂固，警告那些天真的观点——"其他人"可能会接受作者所持有的"西方"价值观。

对于接近或者类似该立场的学者，很自然要谈到现代性的多样性。非常正确，对于在西欧背景下形成的技术、经济和政治制度，作为一种理想在世界范围内广为传播，有时候也作为一种现实。然而，这些传播和适应的过程并不意味着西欧、中国和日本之间的根深蒂固的文化和宇宙观差别即将消失。它还意味着这些不同的文化实体必须顺应和参考全球性传播的思想和实践。在核心特征中，社会仍然保持着其在文化融合的较早时期所形成的形式，无论这段时期是位于轴心时代还是位于 10～13 世纪。这些核心特征当然本身不断地经历变革和重建，但是它们继续组织其文明的宇宙观和社会假设，并且相信这些核心特征马上就要消失，将会让人感觉过于天真。

我认为，这是一个关于不同合流理论的有效评论。然而，这却不是关于上述我概述的现代性概念的有效评论。这种意义上的现代性在全球广泛性方面，在无可比拟的真实性方面和破坏性方面，不应被视为新的统一文明。相反，现代性是一系列期约，即一系列希望和期待，这些期约需要并可能要求一些最低程度的宏观制度充分性条件，无论这些制度在其他方面有多少不同。在文化和制度方面，现代性从在欧洲初创其基本思想开始，其主要特点就在制度形式和概念构成方面具有很高程度的多变性。现代性提供了已经具有全球相关性的参照点，并且已经在全世界范围内作为支撑制度体系的结构性原则。因此，当某些结构性原则已经逐渐定义了一个普遍的全球条件之后，我们可以将现代性视为一个时代。这一共同全球条件的广泛性不意味着，任何单一文化群体的成员即将放弃其本体论和宇宙设想，更不会放弃其传统制度。然而，这意味着那些承诺和制度结构的持续解释、重述和转型只能考虑现代性全球条件的普遍性。现代性的这一基本特点甚至在欧洲西部的限制环境中已经成为一个内在特征。现在，这一特点在全球范围内正变得愈加明显。

现代性具有全球性

在基本文化和制度结晶的各个时期，历史意识的一种新意义，思考和行为本身地位的新意义已经出现了。事实上，具有批评性、历史性、返身性的密集知识活动是文化融合时期的主要定义特征之一。公元前 1000 年中期的轴心时代也是如此。10～13 世纪，世界很多地区文化统一的评估和复兴也是如此。后来的发展通过一系列现象表现出来，即从西欧和西班牙倭马亚西部伊斯兰教国的卡罗林和奥托帝国现象到新儒家思想现象。同样，在 18 世纪末和 19 世纪初欧洲背景下，现代性的文化体系也是如此。

在所有这些其他阶段，这种反思已经有了个人有限存在的物理界限作为其焦点，但是这种反思以一种可概括的形式还在弥合世俗秩序和先验秩序的鸿沟方面产生了一种叙述。该鸿沟的存在意识在各种情况下还与制度实践的相关意识方面连接起来，而制度实践可能会有助逾越鸿沟。如在轴心时代或者（按照基督教的一般性）在 12 世纪和 13 世纪的欧洲，关于该超越的话语权可能是宗教性的和哲学性的。然而，在 18 世纪末和 19 世纪初欧洲现代性的形成过程中，哲学反思明显带有政治色彩。

在世界历史上这种基本事务的批评返身性首次出现于公共和政治领域，而不是宗教或基督教领域，公共和政治领域将作为先验反思的必要场所，在表现道德生活思想方面具有制度的有效性。

18 世纪末和 19 世纪初的现代性形成是文化融合的第一个主要时期，这一时期世界不同地区开始互相直接交往。对于其他具有划时代意义的转型，尤其是那些与公元前 1000 年中期的所谓轴心时代概念相关的转型，以及 10～13 世纪世界很多地区的深刻转型，在时间上有令人吃惊的共同现象。然而，在第一种情况下没有可展示的关联性可以解释为什么在世界不同地区的发展具有很明显的相似性。在第二种情况下，人们已经提出了一些关于历史相关性的假设，但是这些假设只能保持暗示性而并非具有充实的内容。在现代性形成的过程中，一系列发展聚拢并共同构成了一种新型社会秩序的融合。这一过程出现在 18 世纪末和 19 世纪初，但其结果不限于这一特定背景下。在全球范围内，现代性对于事件和文明有直接和立见成效的反响和后果。当然，关于语言、历史、代理和社会制度的说法在 18 世纪末反映了互相竞争的状况。

正像我们已经强调的那样，不仅支持者和反对者之间在政治改革方面存在着极大的分歧，而且同样存在于不同哲学流派的支持者之间，同时在不同欧洲国家的知识和制度传统也有着极大的差异性。甚至在最受限制的欧洲背景中，社会制度也从来没有出现过同质现象。从现代社会开始发源的时候，甚至在西欧和中欧背景下存在一种不可否认的实证性以及很容易观察到的制度和文化形式类别。我们可以很明显地观察到，一旦制度体系已经在欧洲概念化，就会向世界的其他地区扩散。多形式性质意味着我们仍然可以谈论多种不同文明，因为制度的起源和宇宙学思想的根基在世界不同地区具有迥然不同的差异。我们没有理由认为，所有这些差别将只能消退并且被一个更加包容的、世界范围的文明所取代。然而，现代性具有全球性，并且在不同国家正在影响我们的行为、解释和习惯，无关乎我们可能具有或者具有哪些文明根基。这是一种全球范围内的共同情况，我们面临着这样的情况，必须参与关于这种情况的对话，并且必须着手去掌握它。

经济转型和文化遭遇

经济生活的历史形式是关于经济转型的文化和标准条件方面阶级辩论的中心关注，从韦伯经过布罗代尔和霍格森直至今天的作者，如裴·莫库尔。

一直以来有一个问题，可以解释中国为什么未能在早期朝发展工业的方向迈出决定性的步伐，同时也可以解释相比起中国，为什么西欧在 18 世纪和 19 世纪能在经济方面取得飞速发展。在社会科学总体方面和经济历史方面理论化的主导形式，已经大致上倾向于遵循韦伯思想，同时在欧洲环境中已经利用了早期世俗和宗教权力的分离，以及同时向新思想和最终科学革命开放的政治实体多极性的出现。然而，非常明显，这种标准理论对于若干文化和政治方便性的设想是非常有前途的，20 世纪初期（但并非现在）可能已经表现出无可置疑的性质，甚至在贾雷德·戴耶曼德的科普读物中也有同样的叙述，这些科普读物很实用的复述了标准韦伯思想的叙述。

从比较的角度，第一个千年的后几个世纪和第二个千年的最初几个世纪中，所有高度文明都是经济扩张、贸易、重塑政治秩序的精英斗争过程中外部不同程度侵略的平行现象。公元后 1000 年行将结束时，欧洲最西部的该等威胁已经大致上减弱了。而在欧洲北部和东部的较早边缘地带，已经被纳入了基督教王国，并且来自地中海各国的攻击也已经逐渐减少了。然而，在伊斯兰、印度和中国的文明中，一波一波的侵略产生于中亚。与商业、征服和对话模式平行的是根深蒂固的文化参与和重述过程，并且这些过程出现于旧世界的所有高度文明中。在重新概念化方面这一参与沿着轴心时代的同样维度发生。一个重要的结果是形成一种文明传统（及其危机与挑战）基本特征组合的一系列努力。

在欧洲，这引起关于拉丁基督教国家的传统和古典社会哲学和语言学传统之间的深刻反思和争议。在中国，人们迎来了新儒家运动，重新肯定传统美德，并且随后开始保护作为文化和语言学家园的华夏文明。在印度文明中，与伊斯兰文明的文化和政治影响的碰撞在上述挑战方面导致了印度传统的重新构建和重述。然而，在中国，新儒家运动以及对于包容性政治秩序的重新肯定（元朝作为一种中间过渡只在边缘程度上代表了一种断裂）需要保护统一的语言，印度和欧洲都经历了我们可以称为语言学实践白话运动以及（尤其是在印度背景中）宗教实践的本地化世俗化转移的最初几步。在两个环境中，大众和白话语言学实践将在其后几个世纪的时间之内共同存在，但是具有基本转型性质的过程已经产生。在欧洲，与新僧侣秩序相连的宗教实践已经出现，需要与当地社区更紧密地联系，同时也作为一种同质化努力的有力工具。

农业发展、城市扩张、精英对抗和国家形成的过程与文化过程紧密相连，而文化过程涉及文化和制度附属形式的叙述。这些过程共同为旧世界的农业化社会，以及最后还为我们存在于其中的多元现代性和全球互动以及交汇的长期轨迹搭建了平台。

韦伯理论曾经解释了鲜明欧洲轨迹的出现，欧洲轨迹最后曾经被用来解释欧洲通向现代性的途径，在这样一个广泛的背景中我们可以简要地强调这一传统韦伯解释的关键特征。毫无疑问，韦伯标准叙述提供了非常有提示性和有用的解释，帮助我们理解欧洲的独特发展，可以引发人们很多联想。这一解释强调了公元后 1000 年最初几年中出现的四种毗邻转型。

在所谓的"教皇革命"之后，一种重要成分日渐认可了对于基督教和世俗权力的事实分割。在西欧的政治实践中，这一分歧不包括两种其他形式的政治秩序，即神权政治和皇帝教皇政治。在最重要的社会事务中，这一对立状态还为对于对抗形式和多极化的制度化搭建了平台。

同样重要的是后来被称为"联邦革命"的事件，该事件涉及不同公共论坛宣扬和支持的多种权利和义务。因此我们可以说，一个初始的社会已经被建立，法律规则已经从很多欧洲社会，尤其是斯堪的纳维亚社会熟悉的口头判决，转型到一种新的社会类型。在这样一种社会中有一种根深蒂固的思想，人们认为权利和义务可以镌刻以留诸后世，并且要求由法律学者解释、叙述和作出有效判决。

城市生活的发展，即"城市革命"不仅仅需要一种贸易和经济活动的刺激，同时还与广泛的市政自治政府相关联。在神圣罗马帝国的某些区域，原有的有效帝国权力已经被大大地削弱了，例如意大利北部，城市共和统治的新形式已经初具雏形。城市共和政府的模式在最初有时是以一般贸易目的的协会的模范，后来深刻地影响了欧洲的政治统治制度观念。

在全欧洲范围内，政治和制度博弈的多重性方面有很多学术活动，这些活动形成了一种统一秩序，即西方基督教世界的一部分，市政共和政府为学术活动本身和知识活动存在的多重论坛可能性方面的"知识革命"搭建了平台。因此，大学作为一种特殊类型的自治法人机构形成了，或者至少可以摆脱教会享有部分自治权。这一革命是在欧洲各大学、在西方基督教王国传统和古典社会哲学的融合过程中是固有的。此外还意味着，大学和僧侣的秩序在欧洲历史上出现了并且作为重要的制度。

这些过程需要政治和知识多极性的出现。这些过程还与一些出现的变化有关，这些变化主要在人的行为方面关注宇宙学、历史、社会秩序和世俗存在的可锻造性。这些转移似乎曾经对于欧洲经济转型发挥了最重要的作用，其中包括作为关于人世间罪恶之一的高利贷评估的激进重新估价或者贬值等转移。在阅读道格拉斯·诺斯的作品时，制度上的变化大多数时候要求削减市场的各种缺陷。然而，虽然在欧洲这些变化是独特的，与大多数古典社会科学曾经设想的倾向是相反的，这些变化必须按照西半球其他地区同样显著的类似重新评估维度的类比变化来看待。然而，欧洲背景之外的这些转移后来在不同背景中产生了具有迥异差别的结果。

因此，我们可以搭建一个平台，更加真实地对比理解出现于欧洲背景之外的过程，这个背景截止到目前为止几乎可以专门性地为社会科学提供了各种分析范畴的信息。例如，对于所有欧亚大陆的文明，在集体身份的信息中、在公共领域的性质中、在语言学实践的发展中存在令人吃惊的差异性。因此，以我们上述简要提及的简要实例来说，在白话语言使用方面，欧洲倾向于缓慢但却世俗，一种同时从帝国向更加民族性构建的政治秩序形式的转移，这是一方面。另一方面，在印度次大陆的不同地区，印度学家发现了一种世俗文学的发展趋势，但只是增补而不是取代梵文文学。然而，波洛克认为，从来也没有出现过早期地域分明，更不用说国家的政治形式（至少是欧洲意义上的政治）。让我们再举一个实例，在远东汉语文言文和帝国秩序的形式和理想得以延续，尽管几个世纪以来不断出现变化和动荡。

结　束　语

有一种迫切的需求，希望在长期历史和社会发展方面进行合作。在社会和历史科学方面，参与这种当代学术项目具有巨大的空间。林力娜在中国数学方面的努力就是一个很好的实例，就如同谢尔丹·波洛克在梵语知识系统（1500~1800）方面的权威项目。我们还将发现很多相关例证。例如，参与任何关于定居和游牧文明之间关系或者中国、中亚和欧亚大陆西部地区之间关系的讨论时，如果不参照雷恩·斯图乌编写的关于《清代在世界历史时间表中的形成》的主要文卷，将会感觉很困难。

过去几年中，这一作品和其他作品显示，请求文明分析相关性和多元现代性研究的呼声将不会归于沉寂。该等形式的分析在各个方面都是非常有前途的，将会重新安排社会和历史科学的议事日程。然而，这一希望实现的前提是，该等形式的分析需要涉及历史学家（一些人在非欧洲语言领域有很深的造诣）以及理论和历史社会学家之间的紧密协作。如果希望得以实现，社会学家将再一次（但在一种极端不同的环境中）本着马克斯·韦伯和社会学创始人的精神行事，同时至少历史和比较社会学将得以丰富。

欧洲和中国一些最有希望的早期职业学者可以在持续的基础上，可在任何时候按照未受限制的日程表进行合作，该等知识碰撞的场所正是产生于此，在一个更一般的层面上，这一点具有至关重要的意义。从事高级研究的学院可能会为该等学术计划提供场所。我们应该考虑更加接近的学术支持和互动项目，也许与欧洲研究委员会的启动和巩固拨款项目有关联。在未来几年中，欧洲、中国，事实上包括全世界的大学将面临重要考验。在这一过程中，中国所扮演的角色将会是非常重要的。知识分子的创造性从长期来看可能会证明对于中国和欧洲都是最为重要的遗产，如果浪费了这一遗产，对于我们共同的世界将是巨大的损失。

中国曾经的世界语梦想及激进主义传统

陆建德[*]

我要讲的与上午艾柯先生的发言有一点关联：中国 20 世纪上半叶的世界语梦想以及激进主义传统。我收到这次中欧会议的邀请时非常高兴，但是我一听说要讨论 world views （世界观），又有点担心。我担心什么呢？因为我们现在的价值体系，我们的 world views，或者我们的模型，其实都是历史发展的结果。欧洲在两三百年以前的世界观，可能跟欧洲现在的世界观是非常不一样的，更别说在一千多年以前了。我们不能假定欧洲一直有着一套普世的、不变的价值。中国同样也是这样。我认为并不存在一个封闭的、保守的、静止的（那就意味着永远不变的）、具有本质主义特征的所谓的"中央王国"，那里有一套简单固定的价值观念。今天，我们从前面几位发言者的内容中得知，中国除了以孔子为代表的儒家，还有韩非子的法家思想，韩非子在中国的政治现实中特别重要，因为他的很多见解是和马基雅维利很相近的。又比如说刚才赵汀阳先生又提到荀子，荀子也是一个非

* 陆建德，文学理论与文学批评家，中国社会科学院文学研究所所长。

常有原创性的思想家，不能简单归类于儒家。

荀子认为人的本性是恶的，这跟儒家传统的说法就不一样，反而跟基督教的原罪说比较相近。荀子认为人生来是恶的，"伪" 使他成为社会的人，"伪" 就是 art，就是人为发展出来的东西。艾柯先生在发言里问，中文如何表述西方语言所说的 "文明"（civilization）？如果我们请荀子来回答这个问题，他就会把 "文明" 解释为 "伪"，其实就是 art，就是 civilization，就是和自然（nature）相对立的这一整套教化文明。从这个例子可见，中国的语言和文化所体现的世界图景，实际上是多元的、复杂的，我们难以用一种简单的观念来概括中国的价值观，把它纳入某一种主义或者体系。

我认为，来自不同国家的知识分子在交流的时候，必须意识到跟另一方文化对话的丰富性和矛盾性。我自己对此深有感触，比如我们说到欧洲文明，不能假定它始终有一个不变的本质。我们在读 Karl Popper（卡尔·波普尔）的书 *The Open Society and Its Enemies*（《开放社会及其敌人》）的时候发现，从柏拉图开始的很多欧洲思想家形成一种传统，他们全是波普尔所描述的开放性社会的 "敌人"。我并不是来讨论那本书本身写得怎么样，我想借此强调的是欧洲这个概念本身的复杂性，还有中国文化这个概念本身的复杂性。这就是为什么我们谈多元的世界观。

当然，中国文化肯定是有一定稳定性和延续性的。但是中国文化几千年来都是在不断地跟外部世界的积极交往过程中发生变化。如果有机会去中国参观非常有名的世界文化遗产，比如说像龙岗石窟、龙门石窟，这些地方实际上是佛教文化的见证，也就是说，它们是外来文化在中国的见证。

中国四大名著之一《西游记》讲的就是几个中国人到印度（也叫西天）去取经的故事，书中主要人物之一唐僧就是指唐代的玄奘，中国历史上最有名的僧人/翻译家。他生活在公元 7 世纪，历经了千难万险到印度去学习佛教。他把佛经翻译成中文，然后在回到中国后继续从事着他的佛教事业，而且还写书记述了中国文化当时跟周边文化（包括西方文化，主要指印度文化）的接触和交往。

普通中国人可能会把《西游记》里的孙悟空当成是中国小说的典型人物，是中国特有的。实际上在孙悟空身上我们看得到印度神猴哈奴曼的影子。中国文化在发展过程中一直处于流动变化之中。佛教在中国一度深入人们的日常生活，其影响之大远远超出了我们的想象，一些皇帝都是虔诚的信徒。但是经过一千年的发展，佛教又成为中国文化自身的一个产物。印度的佛教慢慢衰微了，而在中国，佛教却变得非常重要，同时又掺杂了诸多本土的内容。佛教又从中国传到日本，它在"旅行"的时候发生了一些重要的变异。这是另话。

从唐代皇帝迎佛骨可见，中国文化里有一种冲动，这种冲动在世界文化史上可能是很少见的。这种冲动是什么？那就是拒绝单一神教。中国人不会说，对这个世界的解释只许有一种。中国文化可以同时包容多种世界观、多种对世界的解释。中国人在进行自我描述的时候，也跟世界观的多样性相近，比如一位诗人既是儒家，又是道家，而且还拜菩萨。

今天上午裘先生讲到了老子。还有另外一位中国古代思想家，他的文学成就可能更高一点，那就是庄子。庄子不断向一切既定的社会范畴挑战，他不承认任何固定的 categories，他也拒绝向任何的社会组织（或者说社会制度）屈服。他夫人死了，他就击打一个盆，唱起歌来了。这点使我们想到了法国作家加缪的小说《局外人》里的莫尔索，他听说自己母亲死了，几乎无动于衷。庄子实际上比莫尔索走得更远。中国文化里有这么一种非常激进的传统，仿佛"放诞"是有着积极的价值的，这应该跟庄子有关联。20 世纪初的一些中国人继承了这种挑战社会习俗的传统，希望不断超越自我，超越固有的疆界，用一个彻头彻尾的外来人的眼光来看自己的文明和文化。

用外来人的眼光（巴赫金称之为"外视角"）来看待自己的文化是特别重要的，因为跟自己的文化保持一定的距离，我们就能产生一种批评的意识，这种批评的意识对任何国家、任何文化、任何宗教都是有积极的意义的。但是在中国，曾经一度，这种努力超越自我的传统，这种试图用不同于一般人的视角来审视自己的优良传统，发展到极端，其结果就是变成一种自我否定和自我仇恨。这种自我否定和仇恨集中表现在一些中国知识界人士对世界语的态度上。

波兰医生柴门霍夫在 19 世纪末发明世界语以后，很快就有中国学生关注这一新生事物。世界语在 20 世纪中国所取得的特殊地位是在世界各国没有见到过的。在 1907 年，也就是说一百多年以前，法国有一批中国留学生，他们相信无政府主义，在法国办了一份叫《新世纪》的杂志。《新世纪》创刊不久，有一位中国年轻人用笔名"苏格兰"发表文章，提出应该拒绝民族语言汉语，改用世界语（当时叫"万国新语"、"爱斯不难读"）。我们现在读到这样的观点，自然非常惊讶，因为很少或者根本不会有什么国家的文人和知识分子会来宣传这么一种学说，其根本点就是完全否定自己的语言、文化和世界观。如果我们有丰富细腻的世界观的话，那么我们的语言往往是世界观的最富于表现力的载体。

但是中国那个时候就有这样一个激进群体，居然号召用世界语来替代中文。奇怪的是这个说法很快就得到了中国知识界极有影响的一些知识分子的支持。其中有几位非常有名。这些人后来有的加入了国民党，有的加入了共产党，但都是中国社会的精英人士，比如说最有名的就是吴稚晖，他写了一系列的文章，列举了种种中文应该废除的理由。

《新世纪》发行后十年，也就是在中国新文化运动兴起的时候，用世界语来替代中文的说法重新出现，这就是在陈独秀主办的《新青年》杂志上，当时有几篇文章对社会产生巨大的冲击力。最有名的就是钱玄同的文章，钱玄同坚持说中文不应该用，现有的中文无法表达很多西方观念。他说我们所有人都应该用万国新语，它文法齐整，设计科学，发音又非常容易掌握，词根也合理。钱玄同振臂一呼，很多人积极响应，比如说陈独秀，还有胡适。支持世界语的两位大人物最有影响力，一位是北京大学校长蔡元培，另一位就是 20 世纪中国伟大的文学家鲁迅。

为什么当时中国思想界精英会认为应该废止母语中文，中国人都改用世界语？——因为他们有一种简单的普世主义思想，他们意识到民族的特点有其片面性，所以该用各种手段把各民族的集体心理痕迹都去掉，然后用一种人造的、单一的、科学的、普世的理想语言来替代自然生长的、多元的、芜杂的、带有各种奇奇怪怪特色的来自历史的语言。这种想法在一定程度上跟 19 世纪和 20 世纪之交流行于中国的"进化论"也有关系。中国知识分子在接触西方文化的过程中，往往把严复翻译的《天演论》视为认识世界的捷径。严复通过《天演论》译文提出了进化的观点：物竞天择，适者生存。也就是说，世上的一切为了生存都处于一种竞争状态，优胜劣汰。他把生物界的进化现象用于社会，其实《天演论》作者赫胥黎并没有这个意思。

可惜当时中国的一些激进派就想当然地推断，中文应该淘汰，即便这语言本身是中国人的存在之家，也必须拆毁。因为它有太多的罪孽，深深地隐藏着太多有害的思想。我们要来说新的道理，新的普世的世界观，用中文是无法表达的，所以不合时代要求，废除符合天演之理。废除一种延绵数千年的文字有那么容易吗？于是有人提出，即便不能一步到位，也得一步一步走。所以他们就想，在说话的时候还可以保留汉语，但是书写文字要改，先用拉丁字母来取代中国的方块字。汉语拼音就这样产生、完善了。汉语拉丁化是文字改革的长远目标。

这一派思想，不管是在共产党占领的地区，还是在国民党占领的地区，都有较大的市场。1949 年中华人民共和国成立，此后很多出版界、文化界的知名人士，继续做着普世的"世界语"梦想。他们依然觉得，中文这语言本身不科学，学起来费时费力，不利于普及，而且是旧思想、旧文化的温床。既然"世界语"暂时不能替代，那好，我们就先用拼音。

"世界语"在中国传播的过程里产生了一些趣事，有的细节特别值得我们回顾，值得我们反思。今天上午有人讲到了要知道更多的中国经验，而不单纯是中国的思想，我觉得这种细节就是中国经验的象征，并不单纯是中国的思想。鲁迅和他的弟弟周作人都热衷于世界语，他们在 1922 年接待了一位生于俄国的盲诗人，甚至请他住在他们自己家里。那位盲诗人叫爱罗先珂，通世界语，还是无政府主义者。他来北京，是受聘到北京大学教世界语，北大校长蔡元培是世界语的热心推广者。爱罗先珂在俄罗斯文学史上没有什么地位，他长时期在亚洲漂泊，去过几次日本，还能用日文写作。他在北京一度非常知名，四处演讲，他的作品也大都被中国作家翻译了，有的是鲁迅和周作人翻译的。鲁迅十分推崇他的世界主义。爱罗先珂的世界语作品还有另外一位翻译者，他就是 20 世纪中国最有名的作家之一——巴金。巴金在 1980 年还远赴瑞典参加国际世界语大会，依然相信这人工发明的语言将成为全体人类的公用语。其他几位跟他年龄相仿的中国作家在 80 年代初期还抱着同样的理想。

鲁迅、周作人和巴金政治倾向不完全一样，他们都带有强烈的个人特色。奇怪的是在世界语这个问题上，他们的看法非常接近。作为中国人来说，想到这一点，不免痛心。他们是 20 世纪中国最优秀的作家，但是他们对自己的母语居然持这么一种负面的态度，很难理解。这种激进的传统，在世界文学史上是非常少见的。在 20 世纪的中国，很多作家还在寻找模仿的对象，他们模仿苏联，模仿美国。这种模仿的欲望是不是跟世界语的流行有一定的联系呢？鲁迅曾经号召大家奉行"拿来主义"，他要把西方的一切都拿来，不幸的是"拿来主义"的背后，很明显是一种彻底的自我否认和自我憎恨。新文化运动期间的胡适先生提倡白话文学，其实对他来说，白话是一个中间环节，他主张先用白话，以后再慢慢地使用世界语。

历史的发展可能令那些世界语推广者失望，中文还存在，中国文学还有强劲生命。但是中文写作的方式不一样了，从左到右，不再直排，跟欧美语言一样了。同时，汉语拼音已经完善，它绝对不是用来替代中文的，成了一种学习中文的辅助手段。不过，这恐怕不一定是当初用拉丁字母设计拼音的初衷。

现在的中国作家跟鲁迅和巴金那一代人是非常不一样的。当今世界语在中国可以说没有任何吸引力。当代中国作家具有更强的历史感，他们认识到过去不仅属于过去，过去也属于现在和将来。中国的知识分子现在跟母语的传统文化、跟汉字达成了一种妥协、和解。他们认识到汉字文化本身既是对世界文化多元性的重大贡献，也是我们民族记载下来的多元价值的宝库。而且中文灵活多变，不仅仅属于汉人。中文里有着大量的外来语，生命力因此更强。来自欧美的游客都喜欢北京的胡同，但是胡同这个词并不是固有的汉语词汇，它来自中国的北方少数民族，但是也和很多外来语一样成了被人接受的中文。现在很多中国作家精于书法，达到了很高的水准，爱书法的人必然热爱汉字的形体。百年来世界语在中国的命运使我想到了墨西哥的诗人、诺贝尔奖获得者帕斯，因为他年轻的时候曾经拥抱过各种各样的来自欧洲的文学潮流，但是他到了晚年就怀疑自己心里是不是过于崇拜欧洲。他相信，拉丁美洲的文学就是拉丁美洲的文学，它并不必仅仅跟随西班牙语文学和葡萄牙文学的时尚。所以帕斯感到这才是他的责任：他应该回到哥伦布以前的拉丁美洲，回到古代的墨西哥神话传说，回到以前印第安人的生活方式和民间艺术。他说，在我们追求现代性的时候，我们发现了我们遥远的过去和我们民族隐藏的面孔。这句话说得非常好，它也形象地反映了中国当代作家中常见的倾向，那就是他们对中国的文化传统和典籍表现出浓厚的兴趣。

鲁迅一代的知识分子是不是有一种空洞的世界主义或者说幼稚的普世价值观？并不是说现代的作家就不学习外文，完全不是，他们学习外文的热情非常高。比如说在座的韩少功先生就讲英文。但是在中国，世界语几乎已经销声匿迹了。为什么一种人造的、没有自身历史和文学的语言在中国知识界一度产生如此重大的影响？

幸运的是中文最终还是存留下来了，而且它与时俱进，变得更有表现力，电脑上使用也极其方便。中文所蕴含的世界观其实是没有办法用任何简单、抽象的概念来描述的。当年攻击中文的文字也成了文学遗产。不得不承认，中文本身所象征的一切是多元的，可是在今天，完全依赖它还不足以了解世界文化的多样性。中国现在学习外语的年轻人非常多，但是他们的选择也让我们不安。为什么？他们中压倒多数学习的是英文。文学批评家乔治·斯坦纳在 *After Babel*（《通天塔之后》）一书中说过，现在我们的文化多样性和语言多样性受到了一种威胁，这个威胁来自英文，因为英语的普及使得一些小语种渐渐消亡。同时，英语也可能在受到一种伤害。当全世界各个国家都在讲英文的时候，英文本身变得不那么纯正了，出现了新加坡英文、中国英文、印度英文。在讨论复数的世界观的时候，我们也要考虑到语言的多样性，英语也只能是多种语言中的一种。我们应该呼吁，英语国家必须加强外语教学。只有这样，我们才能更好地促进多样化的世界观。

我还有几个问题与大家讨论。我们有没有可能创造一种像世界语那样具有普遍意义的象征符号体系？有没有可能？有没有必要？这是第一个问题。因为如果这样的话我们或许能超越一种语言所暗含的偏见或狭隘态度。20世纪初的中国，很多人之所以开始爱上了世界语，因为它不属于任何一个国家，大家在世界语的大家庭里是平等的

（事实上世界语依然以欧洲语言为中心）。人们知道，一旦学习某一语言，那语言在中国也象征了殖民主义势力。所以他们最终就会逃到世界语里面去，觉得那个语言真正普世，比较安全。目前，还有必要采用一种普遍的象征符号体系，看来这一愿望是不现实的。

第二，我们现在表面上的多元文化，就是上午讲的，无非是一种美国化。同样是中国人，生活在上海跟生活在北京就不大一样；同样是华裔，生活在上海和北京跟生活在旧金山差别就更大。假如生活在旧金山的中国人觉得他们才是中国文化的代表，假如有很多来自世界其他地方的人聚集在美国，然后说他们各自代表原来国家的文化，那么他们终于实现多元文化了。这种形式的多元文化必须打一个大大的折扣，因为在有的地方，大熔炉已把所有人都熔化了。

第三，了解其他国家的世界观，必须深入，掌握了具体的深度的知识，就不会把对话者简单化或本质主义化。简单化实际上容易导致一种排他性的民族主义，排他性的民族主义到现在为止，在世界上已经作恶多端，其表现形式之一是拒绝认识别人。我们对此要有足够的警惕。在中国，我们现在看到的是对非中国文化的浓厚兴趣，据我所知，中国作家用中文写中国故事并不带有一种民族主义的情绪，他们与传统有着一定的妥协，他们吸收外国著作的能力也是惊人的。他们希望通过中文而不是世界语走向世界，同时他们也希望多多地学习欧洲文学和语言，从而充分认识到欧洲内在的多样性。

美的概念

让·马克·泰哈斯*

追寻遗失的杰作

情感的概念在艺术史上并无一席之地。它甚至是区别历史学家讨论其研究资料的方式与一个爱好者面对一件作品的即时反应的标志。艺术研究按大类别编纂的多重标准进行，美学是主体，还有宗教艺术史、社会艺术史、跨文化艺术史，或将这些类型混合在一起，但不管其方法如何，如同人种学家在其领域所做的一样，艺术史学家总是试图与他可能体验到的情感保持距离。

然而在这种跨文化的环境下，我想从这种情感的概念开始，谈谈关于杰作的概念。

自然，当艺术史学家开始谨慎地讨论杰作的概念时，会对这个概念进行理性分析。比如，他会将《蒙娜丽莎》与列奥纳多·达·芬奇的其他作品或同时代其他画家的作品进行对比并谈论技巧、思想和背景。

* 让·马克·泰哈斯（Jean-Marc Terrasse），艺术史学家，法国卢浮宫音乐厅主任。

　　但因为博物馆是作品的保管实体——这些作品是艺术繁荣的财富，因为必须考虑到《蒙娜丽莎》在世界上的影响，所以画作的命运则与博物馆息息相关。《蒙娜丽莎》既是它自己也是"蒙娜丽莎的历史"。这个推论对雕刻、古董和艺术作品也是有价值的。

　　每年有 800 万人光临卢浮宫博物馆，主要来欣赏他们称为"杰作"的一些名作。他们惊讶，有时也会受到感动，但大多数因没有体验到更多的情感而失望而归。这种情感，我们当做起点，除了在某些有限情况下可以发展得更远之外，又似乎被很多人遗忘。这些参观者在他们来之前并不确切地知道他们期待看到的东西，而在他们参观完毕之后依然一无所知。他们完成了一种必需的仪式，一种对"杰作"神灵的朝拜，这种朝拜被全世界一致认可，并由旅游经营者组织。

　　马塞尔·普鲁斯特将弗美尔的《代尔夫特小景》视作世界上最美的画作。他将此画作为其"杰作"《追忆似水年华》的中心情感经历的主题，甚至让作家贝戈特死在了这幅画前。

　　我们提出疑问：什么是杰作？是像马塞尔·普鲁斯特说的那种能引起极强烈情感的作品？无论如何，司汤达综合征就此给出了一个不那么悲惨但仍难以忍受的版本。佛罗伦萨的精神病学家格拉齐耶拉·马盖里尼研究了这种游客参观博物馆时偶尔感到的迟钝眩晕的状态。她指出，亚洲游客并不存在这种症状，这一般取决于"病人"的文化起源。她还特别研究了陈列在佛罗伦萨学院美术馆中的米开朗基罗的大卫像。其轻盈同时结实的力量是很多激情休克，也就是著名的司汤达综合征的根源。

　　今天，全世界似乎都在使用"杰作"这个概念。差不多所有可以产生称为艺术品的东西的文化都一致认为在这些文化产生的作品中有等级之分，甚至这些等级的设定有无法明确的动机。传播到西方的中国故事讲述智者寻找最后一件作品，费尽了艺术家毕生的心血。这往往是一件非常纯洁、极少修饰、差不多是玄妙难懂的作品。在中国的世界里，人们可以想象这是书法的诱惑，此乃高级艺术。在 19 世纪的法国，也存在着这样一件人们在巴尔扎克的小说《玄妙的杰作》中重新发现的并鉴定为"杰作"的最后作品，就像这必然是艺术家毕生心血的结晶。

巴尔扎克讲述了一个叫弗兰霍夫画家的故事，他多年闭门不出以完成一件终极的、绝对完美的作品——他的杰作。但他总是不满意，不断毁掉重来，当他终于完成可以示人时，看到这幅画的朋友却说："我在这上面看到的只是一堆乱七八糟的颜色，包含在一大堆奇形怪状的线条里，构成一垛颜料的墙。"对于弗兰霍夫来说，这是一次他描绘的可怕的失败，他将自己所有的油画都付之一炬。巴尔扎克的结论是，杰作是不存在的。只有没有完成、不确定和不完整的作品，所有艺术都难逃失败的命运。

读了就像见证人对作品的描述，人们可以得出另一个结论：巴尔扎克发明了抽象艺术。杰作就是一件超越其时代的作品，显然只有未来才能读懂它。

让我们来看几幅西方传统上公认的杰作，并尝试理解是什么让产生于中世纪的手工业者和不知名的学徒的世界的观念转化为几乎是宗教的、富有浪漫色彩的观念，这个世界或多或少都分享这种观念，对一些"奇迹"的必要赞美。卢浮宫的 800 万参观者络绎不绝，都想参透这个秘密。一些以问题形式出现的简短的回答。

《蒙娜丽莎》（1503 年 5 月），当然，它躲开了所有的评论。

证明其杰作地位的表现是这件作品被复制、临摹、加工的次数。这从达·芬奇将其交到弗朗索瓦一世的时候就开始了。当它在 1911 年被盗时，人们拍下了悬挂这幅画的钉子，数以千计的参观者仍然在空空如也的画作放置处前面络绎不绝。可以想象，如果画被烧毁，那些灰烬也会受到同样的崇拜和喜爱。在此，人们处于神秘圣物的宗教综合征中，他们希望了解隐藏于圣物中的秘密。

波希的《乐园》（1503 年）。同时期，它的力量来自它的神秘。

我们再也无从知晓这幅画所描绘的内容，甚至连学者对此也说不出个所以然。这向我们提出了宗教史的问题。我们不再了解它或了解得不够，因此我们不理解大多数自己的杰作。这些作品让我们回想起了一些事情，带有这种丰富，这种混淆，这种大量，这种有麻醉性的、令人惊愕的色调的自由。我们不知道这些作品描绘的是什么以及它们想告诉我们什么。

两幅《拔示巴》，一幅是伦勃朗的，另一幅是德罗斯特的，完全是同时代的。都是 1654 年的作品，其中一个闻名遐迩，另一个默默无闻。但并不是一直如此。一位艺术史学家详尽地解释了原因。今天看起来不容置疑的，是"大"艺术家的思想，是这种思想引发的独特目光。伦勃朗就是这样的典范，而不是德罗斯特。

《作弊者》（1635 年），乔治·德·拉·图尔，一幅令到博物馆参观但不了解此画的大众非常惊奇的作品。人们在此驻足停留。精神分析学家经常谈到此画。他们提醒人们注意画中人物之间的合谋、我们所感到的人物之间或多或少的秘密联系以及"幼稚的年轻男子"是自愿被骗且乐在其中的印象。画作的动人之处在于，所有人都明白发生了什么，却依然让人觉得非常神秘。塞尚在他的《玩纸牌的人》（1890/92）里面却选择描绘玩牌者的亲密，乡下生活可没什么神秘感可言。

我们将以两座雕塑来终止这次短暂的"散步"。一座是巴尔扎克像（1891/97），它证明罗丹理解了我们刚刚谈到的他这个模特所具有的幻想的天才。

另一座，米开朗基罗的大卫（1504 年，与《蒙娜丽莎》和《乐园》同时代），由于正是它导致了司汤达综合征，所以其复制品从来没有置于佛罗伦萨学院前的广场上，而很多人将其当成是原作。为什么是原作而非其完美的复制品让人们心绪不宁呢？这显然很有意思。

用一个评语来作为结束：

如果告诉人们为什么喜欢一幅画，他们会接受它吗？

说回到普鲁斯特。1902 年，他在荷兰和比利时旅行，口袋里装着一本欧仁·弗罗芒坦的《往昔的大师们》。这本那个时代的名著（连同布尔热的著作）让法国发现了它不了解的弗罗芒坦和荷兰绘画。着迷于《代尔夫特小景》的普鲁斯特注意到弗罗芒坦完全忽略了维米尔的存在，将维米尔写成两个词——"维"与"米尔"，他说他将"走向海洋"。20 年后，《代尔夫特小景》在巴黎展出。患病的普鲁斯特不想去，但后来还是决心去看看。对他的打击比他担心的更沉重。这就是画家贝戈特在连载作品中所做的叙述。作家贝戈特，被喻为普鲁斯特的化身，想起他 20 年前在画中看到的一小块黄色墙面。对视觉记忆而言，这小块墙面起着茶杯对嗅觉记忆的作用，现在所有人都知道书中有关普鲁斯特的情节的作用。这把贝戈特 - 普鲁斯特送回到了 20 年前。那时发生了什么？再重新找到他在那里看到的这幅画，在这个"小墙面"中有什么限制点，是什么样至关重要的回忆？我们回想那时出现的维米尔这个两个词并记住普鲁斯特的母亲——《追忆似水年华》中隐含的核心人物——在他在荷兰旅行并发现那幅画的数月前去世。贝戈特死于对母亲强烈的幻觉。

文字与"中国方法"的关系

徐　冰[*]

　　大家好，刚才让·马克·泰哈斯先生讲了很多关于古典的艺术，我觉得这个部分的话题是非常优美的。但我还是想用我的讲演，把话题从古典再拉回到现实中。

　　我是艺术家，所以我今天想以艺术家的视角，来谈一下文字与"中国方法"关系的问题。同时，我的发言与原提纲有一些改变，是因为昨天听了艾柯先生的发言，他的发言是关于文字的和文字多样性的。艾柯先生的发言非常有意思。但是他其实没有一个答案。另外，昨天陆建德先生的发言中最后提到了一个东西，让我非常的吃惊和觉得有意思。他最后有一个设想：象形符号这个体系是不是有可能成为将来人类沟通的一种方式？我想对此也做一些呼应。

　　今天，我通过对过去作品的一些尝试，来参与谈论这个话题。我想先放一幅作品，这幅作品看上去是一幅非常美的中国古代山水画。但实际上这幅作品上面的这些皴法与用笔都是由中国的文字符号组成的。

　　比如说，画面下方的这些石头，都是中国的"石"字，水都是

　　* 徐冰，艺术家，中央美术学院副院长。

中国的"水"字；这些树中间的树干，都是中国的"木"字，树上面零零碎碎的树叶都是不同品种树的偏旁。

下面一幅可能更清楚，实际上这都是由中国字的符号写成的，你可以说它是一幅画，也可以说它是书法，也可以说它是一篇诗文。我想说中国人的思维、审美和看事情的方法，事实上由我们与文字和图像的一种特殊的关系带来的，中国人的阅读事实上和拼音文字的阅读是非常不同的。

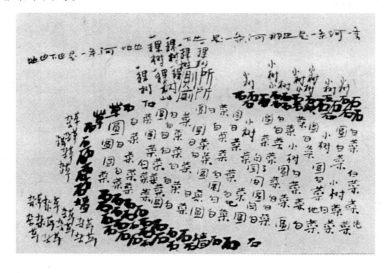

　　虽然今天的中文已经是现代汉字，但是它与象形之间确实还保留着一种非常内在的关系。比如说中国的诗歌和戏剧的戏文。事实上里面的内容和阅读时所体会到的，是与"日月山川"这样的字的象形无法真正分开的。

　　中国有一本非常有名的、学习中国绘画的入门书，叫《芥子园画传》，实际上我画了上述系列的作品以后开始体会到，中国艺术最核心的部分是什么。《芥子园画传》的内容都是从历代大师的画法中提取的最典型的画法。我发现，它实际上是一本"字典"，是各种各样自然符号的字典。所以中国人学画是"纸抄纸"的画法，就是说，把过去这些程式化的、符号性的东西熟记在心，然后再用这些"偏旁部首"去拼你心中的世界万物，就像牢记汉字一样，所以中国画家过去是不讲究出去写生的。

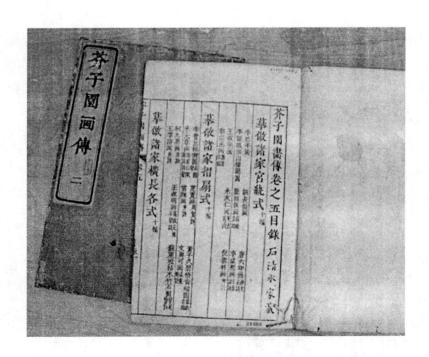

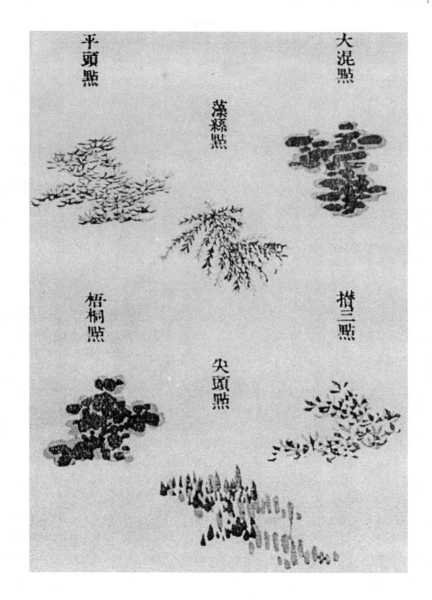

另外，我想说，汉字和图像的关系，的确是非常特殊的。比如说，中国的这个窗户的"窗"字，与中国建筑中的窗户造型很相似，包括中国家具的设计，为什么那么严谨和那么单纯，结构那么讲究？我想是与中国文字的阅读有关系。是"窗"这个字影响了窗户的设计，还是窗户的设计影响了这个字的形成，总而言之他们之间的关系是互为的。

另外我还想说，中国文字和自然的关系。中国人事实上对文字是崇拜的，因为，中国人认为文字是自然的造物，是神圣的，是不能随意改变的，只有皇帝可以为自己造一个新的字，用作自己的名字。

昨天，艾柯先生发言中谈到的一些例子非常有意思，比如说德语发音的美，如同各种各样的动物叫声和风、雷、海呼啸的声音，声音是拼音文字的核心。但是中国文字与拼音文字不同在于，中国的文字是以象形、图案为核心的。中国文字出现的说法是，最早仓颉看到了鸟兽的脚印和虫子在地上爬行的纹路而受到启发而创造了文字。

文字在中国被认为是"王政之始，行政之本"。比如说秦始皇和毛泽东，他们在建立政权的时候，首先做的一件事就是改造文字和整合文字，因为文字是人类文化和概念最基本的元素。所以，要建立新的文化和对人的思想有本质的改造，首先要改造文字。

下面我还想通过另外一个作品再谈一个问题。这件作品的题目叫《天书》。这本书看上去非常漂亮，中国的线装书，我先给大家看一个局部。

但是这本书，我想在座的西方人和中国人，包括我自己在内都是看不懂的。因为这本书的文字全部是我自己设计的"伪汉字"。这些文字虽然表面上非常像中文，但它们是被抽空内容的文字和完全没有书的本质概念的"书"，尽管大家都管它叫"书"。但事实上这本"书"它用另外一种方法传达了"内容"，是利用了汉字特性的结果。

比如说汉字，你把一个"水"字和一个"山"字边放在一起，你会感觉到这个字是谈自然的。它像是给了你一个熟悉的脸，但你却叫不出它的名字那样的尴尬。内容已经在那里，但还没有被命名。因为它本质上就是一幅图画嘛。这件作品我想在这里说明的是文字与我们人类之间的关系，向人们提示一种对文化的警觉。

中国有一个典故叫“惊天地，泣鬼神”。它的意思简单点说就是：当仓颉创造了文字后，老天爷就开始担心，担心什么呢？担心人类从此就开始舞文弄墨而不务正业，所谓正业就是农耕，就是生产。“泣鬼神”就是说鬼被吓得彻夜啼哭，是因为鬼担心人类有了文字，从此把自己所做的坏事记录在案。我想先人是非常智慧的，早就把文字和文化与人类的关系说得非常清楚。

通过这个作品，我还想谈到的一点就是，作品使用了中国人特有的方式，用不沟通达到沟通的方式，其实这是一种禅的方式。书中每一个字都是我自刻出来的，然后用手工印出来的，我前后共制造了4000多个字，我希望这本书里面的"文字"最大限度地像真正的汉字，"书"像真正的书，它吸引人们的阅读欲望，但同时它又拒绝读者进入。这幅图是作品装置展示时的效果，它像一个文字的监狱，当人们进入后会感觉到整个世界都在倒错之中，因为所有的东西都是庄重和美丽的又都是错误的。

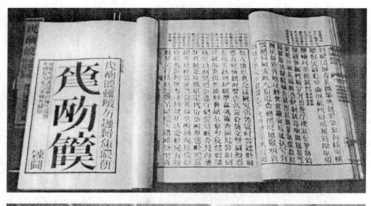

下面，我再介绍另外一幅作品，叫《英文方块字》，也是另一个文字系统，谈另外一个问题。这四个字看上去也是像中文，但这是英文。这几个字的第一个字是 ART，第二个字是 FOR，第三个字是 THE，第四个字是 PEOPLE。这些文字是表里不一的文字。这幅图是我在纽约现代美术馆 MOMA 展示的情况。

这件装置的展示，我是把画廊改成了一个书法教室，教观众写这种书法，是一件观众参与性的作品。

　　这个文字系统，我是硬把两个截然不同的文字体系捏在一起，最后它成了一个表面与内在截然不同的同体。我在美国讲演时就有人问：中国人会不会特别不高兴，因为你把中文改变成了英文。我说：中国人特别高兴，因为我把英文改变成了中文。它完全是介于两个不同概念之间的一种新事物。

　　艾柯先生在昨天的发言中谈到"哪里都不属于"的概念，就是说在今天的地球上这个"哪里都不属于"在全世界上的出现，是丢失语境的，是不属于任何文化或地域的。但实际上，我倒是认为，其实质还是西方强势文化的结果，它从来没有离开过这个文化的强势属性的。比如，一种流行的超市文化，等于"哪里都不属于"吗？不是。但是"英文方块字"确实是真正的介于两个文化概念之间的。两边都不属于，又是都属于的。

　　这本书我们可以看到它上面的字，是《英文方块字书法入门》，读起来就是 Introduction to Square Word Calligraphy。

　　这是一本教科书,是教人们如何写这种文字的,但是看上去非常像中国古代的书法入门书,本质上却是一本英文书。比如说,写这个"提",Not look like a soft worm;如果写成像软虫子似的就是失败的。

　　下面是我的书法作品,看上去完全是中文书法的形式,但实际上是英文书法,这幅写的是刘禹锡的诗,刘禹锡的古诗被翻译成英文,再用我的书法写回到"方块字"的形式。不可思议,居然可以把英文写成这个样子。

　　下面的是一首西方人的诗。这是 Rabert faest(拼法)的《Song of Maself》。

　　我展示这件作品后，很多地方请我题字，比如这几个字是奔驰公司与"时代传媒"请我设计的一个奖项的关键词，一个字是 Power，第二个是 Will，第三个是 Dream。

　　下面这幅字是我为一个朋友的题字。

　　Which is infinite（无限），右侧是我的签名（Xu Bing）和我的印章（Xu）。其实，题字这个概念在西方是没有的，只在东方国家有。但是通过这样的书法，让题字这个文化进入了西方，为什么这样讲？

因为过去西方人欣赏中国书法，实际上是停留在抽象艺术的这个层面上，因为书法它毕竟与字的内容是有关系的，但是，英文方块字让西方人写的是真正属于自己的文字，是他们自己的书法。

下面我再讲一个作品，是今天讲演里重点的一个内容。这个作品叫《地书》，也涉及昨天几位讲演者的内容。我过去有很多时间在机场度过，机场是使用标志和符号语言最多的一个地方，机场是未来世界的一个缩影，是不同种族的人群交汇、穿梭之地，所以在这里大量地使用象形符号来告诉我们如何完成一个复杂的登机程序。

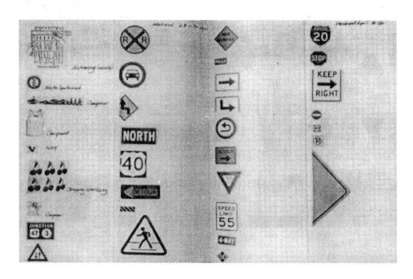

另外我发现，除了机场以外，使用象形符号指示最多的地方就是欧洲，欧洲是一个有太多不同语言人群的密集地带。

有一回我看到口香糖包装纸上面的五个小图，它讲了一个小故事。这五个小图对我有很大启发。我想用这五个小图可以讲一个小的故事，用成千上万的标志小图是可以讲一个长的故事出来的。

从那以后，我就开始搜集世界各地不同领域的符号、标志，计划用它们写一本书出来。

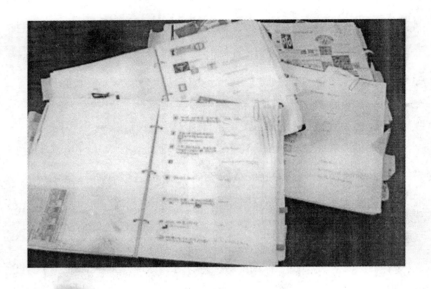

这是我早期搜集剪贴的标志。我发现，在我们已有的化学、物理、乐谱、舞蹈、制图等各种专业领域，实际上已经有了国际通用的"文字"（符号），但是生活中的国际通用语言并没有被整理和充分地使用。我收集这些符号有一个原则，就是我自己不做任何的发明和编造，只是搜集和整理。因为我认为在人类生活中自然形成并被使用过的符号才具有文字种子的性质。

1627 年，Jean Douet 在《致国王：为地球上所有人的全球文字建议》中提出，中文有可能成为全球语言的模式。我想说，在这里"模式"二字非常重要，他强调有可能成为国际语言的并非是中文本身，而是这种以象形为识别根据的模式。

四百年后的今天，人类的传达方式在向这位哲人所预示的方向演变，人们越来越感到传统文字已不再适应这个时代的传达方式。很多能量开始集中在试图用图片和标志代替传统文字阅读的方式上，这就是人们常说的"人类进入读图时代"。而汉语圈的人们早就进入读图时代了，我们已经读了几千年。

　　今天"地球村"这个概念，在这个"大村子"里与文字初始期的原始村落不同的是，村民们说着千百种的语言，写着相互不通的怪异的符号却生活在一起。从国际平台信息共享的概念来讲，显然传统语言、文字的不便，成了人类今天的大麻烦。以种族为基础单位的现存语言文字，包括最强势的英文，都显出滞后和不胜任的局限。现有文字面临着任何时代都没有过的挑战。这种局势要求一种能够适应全球化、新的传达方式的出现。在今天，巴别塔的意义才真正被激活，因为我们今天的生活与几千年以前截然不同，但我们所使用的文字却是和几千年以前是一样的，所以，今天的很多现象都反映出人们对现有语言、文字超越的努力。

　　我想举一些例子，比如说全球化，是跨国产品、消费式生活的日益标准化，我们生活在一个极度拷贝文化的时代之中，全球生活模式日渐类似的倾向，使事物形象的可辨认性大大提高。传媒的发达和图像传递技术，又强化着事物的符号性特征，它实际上在全球范围内每时每刻都起着识图扫盲的作用。以形象为识别依据的交流，与过去相比变得更有可能。比如说北京奥运会这个标志，通过视频，在一夜之间，全世界的人都可以认识这个图，或者说是这个"字"，它的字意就是："北京奥林匹克运动会。"

　　在今天任何想要推向世界的东西，都必须找到一种快捷的、有效的认知和传播的方式来实现，这特别体现在商业的推广模式上。比如说 Coco-Cola 品牌，在过去，他们有 75 种以上不同地方文字的翻译；在中国就是"可口可乐"。但是在几年前，Coco-Cola 公司有一个新的政策，就是尽可能地使用 Coco-Cola 英文的原标志。事实上到这个时候"Coco-Cola"这个标志里的字母的意义已经失去，而它真正的作用就是这个图像。

　　另外我们知道，个人电脑的普及和应用，实际上真正关键的一步是，把计算机语言转换成图标语言，才使个人电脑得以在全球及普通

人中实现。

在台湾有一种文字叫"火星文","火星文"是台湾一批网络族的年轻人，用大陆的拼音、简体字、四角号码、标点符号、英文、日文和电脑的表情符、各类图标组成的一种新的文字，在这个网络圈子里使用。

蔡佬師ㄨ!? 這傡媞洩說の吙煋哎，啊啊，挺ㄨ魟媞卟媞??咚侒?

— — — — — — — — — — — — — — — — — — — —

徐箃師σκ!? 這9.4誠讠兊d欽鯉夊，ロ可ロ可，挺σκ翫宲(八)昰?? 夊按?

这段文字的内容为："徐老师好！这就是我说的火星文，呵呵，挺好玩是不是？冬安？"

昨天艾柯先生还谈到了一点，是说各种语言、文字有不同的解释事物的方法，我是非常同意的。但是我想，语言、文字和它的发展是与生态的发展相似的，它最主要的发展动力就是一种公用性，就是说，最方便、易学的语言就是最具有未来性的。

现在世界上有4000多种语言，昨天艾柯先生也提到要保护。现在很多国家都在做保护语言的努力。但是这个问题有两个方面，一个是作为文物和知识样本来保留，还是作为使用来保留，如果从使用的角度来保留，我想真正具有潜力和语言、文字的发展趋势，它一定是向着方便、可行、易学的方向发展。汉字繁、简体的较量就说明了这一点。

上述很多现象表明，一种以象形为基本模式的、超越现有文字的、新的表述倾向在这种共同的愿望驱动下日渐明显。今天可以说是新一轮象形文字时期。我意识到，这种倾向，它确实带有未来性。

　　这是这本《地书》的一页，我们可以看到，它实际上是一本谁都可以读懂的书。我想说《地书》这个"文字"系统，它从某种意义上讲是超越传统地域文化和知识分类的，它不对位于任何已有的文化知识谱系，而直接对位于真实的生活逻辑和实物本身。对它的识读能力，不必借助于传统的教育方式，不在于阅读者的受教育程度和书本知识的多少，而取决于读者介入当代生活的深度和广度。

　　我现在同时还在做着一个电脑字库软件，这个字库软件是当你打入英文时，它会自动转换成"标志文字"。我同时也有一个中文软件，当你打入与英文相同内容的中文的时候，它也会出现同样的"标志语言"。这个时候，我们就有了一个最初级的、不同文字之间的中间站。

　　最后我想说，20多年前我做了一本叫《天书》，它是谁都看不懂的书，现在我又做了一本谁都读得懂的《地书》，这两本书截然不同，但它们又有共同之处，这就是它们对所有人都是平等的，它们不在意读者是哪个文化背景或者受教育程度的高低。

17 世纪中欧绘画理论比较

文森·波马海德[*]

【画作对比：尼古拉斯·普桑，左侧绘有一座小庙，右侧绘有三个坐着的人物的风景画（圣彼得堡，艾尔米塔什博物馆，棕色水彩画，清单5082，普桑作品155号，1994）；石涛，《敬亭秋色》（巴黎，吉美博物馆，清单 MA 887）】

"艺术应展现真实的自然，不能虚化自然"，法国古典主义代表艺术家尼古拉斯·普桑在其一本长期不为人知的艺术著作中这样说道，如他的大多数理论思考一样；"画之理，笔之法，不过天地之质与饰也，山川天地之形势也"，画家石涛在《苦瓜和尚画语录》（中国思想最著名的美学文本之一）中的句子好像是对普桑的一种回应。

自然，天地，这两个有着多重及复杂概念的词在中文和法文中显然并不表示同一个意思，但在东西方语言和文化的差异之外，真实世界和将其呈现出来的魅力，连同绘画的泛神论和理想化的看法，形成了这两个几乎同时代的但从未相遇或相识的艺术家思想之间的共识。

---

* 文森·波马海德（Vincent Pomarède），著名艺术史学家，法国卢浮宫绘画部主任。

然而，这些精神上的趋同并没有停留在这样或那样的一般看法上，而是同样存在于更加明确的和技术性的评价中，就像画家与前代大师必须保持的关系。那么，石涛通过宣称"天然授之也，我于古何师而不化之有？"明确表达了他的思想，石涛的看法意外地呼应了稍晚的德尼斯·狄德罗的一个观点，后者将产生于 17 世纪的思想流派总结为一句话：**"对古代艺术进行改造，古代艺术没有创造参照，这总是在加工一个复制品。"**

长久以来这些共鸣令我感到困惑，并为此与几个风景及中国艺术专家进行过多次非正式的探讨。但我今天在目前尚未完成的展览方案中真正地发现了其来源，此展览由研究中国艺术的专家雅克·吉耶斯先生构思和并得到其密切关注，同时也是吉美艺术馆的馆长，在此我特别表示感谢。

这次展览恰如其分地被命名为"交叉观察"，其主旨是比较两部绘画专论，两部对当时及后世的艺术家相当重要的著作：石涛的《苦瓜和尚画语录》和罗歇·德·皮勒的《绘画的基本原理》，从这往往出奇接近的理论基础出发，我和雅克·吉耶斯将与罗歇·德·皮勒同时代的人——从尼古拉斯·普桑和克劳德·杰里（洛兰）开始的作品，和与石涛风格接近的画家的作品进行比较。

但也许，像经常出现的情况那样，这样一个主题更多地被称作一本书或一篇短评而非一次展览。无论如何，在这种环境中提出的问题也总是显得相关且相当有趣的：在相隔如此遥远的两个大陆上出版且影响深远（几十年甚至几个世纪）的两个关于艺术和绘画的理论文本，如何能包含如此明显却并不必然出现在著作所涉的绘画作品中的相似之处？两种文化如何同时产生同样意义重大的理论共识、绘画技法以及有时差的远的艺术参考？

当然，我们看到，石涛和罗歇·德·皮勒的两部专论的比较往往既显得引人入胜又使人难以应付。

　　表面上看，两个文本的本质显得截然不同：石涛的著作只有 18 个短小的章节，以一种概括的、线性的、合乎逻辑的方式展开；而罗歇·德·皮勒的《绘画的基本原理》则由多个章节组成，采取了一种复杂的、百科全书及教材式的形式。

　　此外，罗歇·德·皮勒的作品中经常援引被广为评论的前辈大师的参考资料，而石涛在他的专论中则从未提及任何过去或当时艺术家的名字。总之，在不时精练出若干有关绘画处理和构图的技术建议的同时，中国理论家更倾向于以哲学的、内在的、深邃的方式表达看法；而罗歇·德·皮勒则首先依赖说教的、技术的、非常具体及完整的表达，他让人逐渐模糊地感到真实的普遍主义的抱负。前者优先致力于一个大的美学原则的概括综合，而后者则首先力求类型学及解析型的论证。

　　尽管如此，两部专论编辑出版的同时代性本身就是显而易见且意义重大的：准确地说，罗歇·德·皮勒的《绘画的基本原理》出版于 1708 年，而石涛的《苦瓜和尚画语录》则稍晚，大概在 1710 年。

　　这里让我们想到一个已经提及的显而易见的事：两个人从未谋面，显然对对方的看法也一无所知。

　　尽管有这些障碍，并确信这种比较式研究方法的好处，我觉得，这完全归功于由国际跨文化研究所于 2010 年 10 月 6 ~ 7 日发起组织的中欧文化论坛的意愿，我尽量在此指出这两种美学思想的共性。我所使用的资料，一方面是 2007 年出版的皮埃尔·里克曼翻译的石涛著作《苦瓜和尚画语录》；另一方面是于 1989 年再版的罗歇·德·皮勒的著作《绘画的基本原理》。

罗歇·德·皮勒与石涛生平

　　首先，我们先迅速大体回顾一下两人的作品和生平，两人有着若干重要的共同点：家境殷实、受过良好的教育、与所在国家占统治地位的宗教界过从甚密、丰富的游历经历以及经常接触同时代的文人墨客。

【两位理论家的两幅肖像画作对比：《罗歇·德·皮勒像》，雕刻者：伯纳德·皮卡尔，1704《绘画的基本原理》再版卷首图，1989；石涛，《自写种松图小照》（台北，故宫博物院）】

罗歇·德·皮勒（1635～1709）

罗歇·德·皮勒的一生都有据可查，他的外交、政治、艺术活动经常是人们公开议论的话题。

罗歇·德·皮勒 1635 年 10 月 7 日生于法国涅夫勒省克拉姆西一个富庶的名流家庭，这使得他有机会先后在讷韦尔和奥塞尔的耶稣会学院进行扎实深入的研究学习，后进入巴黎普莱西斯学院深造，其后在索邦大学学习了三年的神学并完成学业。

在巴黎期间，他开始学习绘画，并师从西蒙·乌埃的学生、更有名的尼古拉斯·普桑在吕克兄弟（1614～1685）名下的合作者、才华横溢的画家——克劳德·弗朗索瓦学习绘画，克劳德·弗朗索瓦在26 岁时参加赫格莱修会的入会修道典礼，然而未得到过神职，依然是画家，只是经常出入巴黎、香槟沙隆或塞扎讷的修道院。在这位学养颇深、经验丰富且多才多艺并曾游历意大利的艺术家身边，罗歇·德·皮勒很快掌握了所有形式的绘画技巧，并与高雅艺术界有所接触。

遗憾的是，罗歇·德·皮勒的个人作品今天已只能通过一些镌刻画一窥真容，他的画作也都遗失了；罗歇·德·皮勒的画像是以真实和出色的技巧以及摆脱了铜版画诠释束缚的真正的精神细致制作而成，像是让我们联想起雕刻于 1704 年的《布瓦洛像》或是他的自画像。

完成学业后，27 岁的罗歇·德·皮勒立即成为米歇尔·阿姆洛的家庭教师，米歇尔的父亲是当时的大参议会议长、在巴黎政治圈颇有影响的夏尔·阿姆洛，他在这个享有盛名的家庭一直供职至 40 岁。罗歇·德·皮勒和他的学生、古尔内侯爵米歇尔·阿姆洛（1655 ～ 1724）建立了特殊的信任和友谊，尤其是在意大利 14 个月的游历期间。当米歇尔成为大使后，即指定自己的老师作为自己的主要合作者和私人秘书。在米歇尔·阿姆洛身边，罗歇·德·皮勒体验到了外交的苦乐悲欢，在威尼斯、西班牙、奥地利、葡萄牙和瑞士做或长或短的停留期间，他的身份从一个普通的秘书迅速转变为一个公认的、备受尊敬的政治及外交调停人。

罗歇·德·皮勒不断地被委以更加微妙棘手的任务，但他在 1694 年荷兰的秘密谈判中遭受了重大挫折，我们并不能准确地知道那次国际诉讼的原因，他因此被捕，遭到审判并监禁，后因路易十四与奥林奇王子间的一场肮脏的政治金钱交易而获释。在被关押的四年多时间里，他一直从事写作，甚至进行艺术品鉴定。在 1697 年被释放后，国王给予他 2000 里弗的抚恤金作为对此事的补偿。

获释后，因狱中的恶劣条件而导致病体衰弱的罗歇·德·皮勒致力于艺术及各种重要美学专论的写作出版，同时也丰富着他令人印象深刻的收藏。这个时期，他是皇家绘画与雕塑学院的访问学者并于 1699 年成为其名誉顾问，其明确坚定的立场使他名声大噪；罗歇·德·皮勒的讲座和评论文章往往结集为重要的理论著作出版发行。

在勇敢机智地参加著名的普桑派——他自觉地支持这一派——反对鲁本斯派的"色调之争"后，除仍时而对贬低、中伤自己的家伙进行针锋相对的反击外，罗歇·德·皮勒逐渐远离小团体的争论。在他最后的岁月中，恢复了做总结的真正愿望，这在他最重要的两部作品——写于狱中的《画家传记》以及他的最后出版的作品《绘画的基本原理原理》中可见一斑。

他于 1709 年 4 月 5 日在巴黎去世。

朱若极又名石涛、道济（1641～1707，一说1720）

与身为绘画爱好者及公认的理论家而非艺术家的罗歇·德·皮勒不同，法名道济的石涛首先是一个画家，一个多产、富有创造性且闻名于世的全职画家。然而，对他生平的记载并不完整，人们对他的人生及职业生涯中的若干阶段知之甚少，甚至可以说一无所知，但他的作品却感动了众多的艺术家和历史学家。

朱若极，不久即改名石涛，比罗歇·德·皮勒小6岁，生于因满人入侵而使看似坚不可摧的明朝（1368～1644）土崩瓦解的年代；这次毁灭性的反叛几乎与在法国削弱了路易十四初期统治的投石党叛乱（福隆德运动）同时发生。石涛拥有皇室血统，是明朝开国皇帝朱元璋的后代，他的父亲朱亨嘉因图谋篡位，在1644年他发动叛乱的头几个星期，也就是明崇祯帝自尽后不久被处死，祸及全家，但小石涛逃过了这次政治屠杀，隐身于湘山的寺院中寻求避难。

在寺院中教授年轻僧人佛教教义（作为普遍的道德和社会价值）度过的七年间，石涛修习了书画艺术。他从1650年开始云游全中国（也许是为了彻底忘却他与明朝皇室的关系），先在武昌住了10年，随后在松江拜名僧旅庵为师进行了艺术学习，从而真正开始了他的艺术生涯。

此后在宣城山区度过的14年（1666～1679）使石涛获得了他早期作品的灵感，钟情于字画的石涛在和大自然接触并从中国江南地区获得灵感后，形成了将书法与绘画融汇一炉的风格，他的风景画往往是图文并茂。

1680年，石涛移居南京，他乐于和那里的文人雅士交往，颇对自己的艺术才能踌躇满志，并于1685年创作了今天被视为其代表作的《万点恶墨图卷》（现藏苏州博物馆），此画充分体现了石涛所有的技法与美学构思。

在成为当时一个无法忽略的绘画艺术大师并受到知识精英和专业人士的赞赏后，石涛选择前往北京，他因在那里遍交曾毁掉其家族的清廷宗室而成为一个不无争议的角色。他与当时各种主要的美学流派如当时所谓的"四王"合作，并对始自后来所谓的"扬州八怪"的新画风产生了巨大的影响，这种画风的特点是追求对艺术的自由表达。

1700 年后，石涛的艺术威望达到了无可比拟的巅峰，他隐居扬州城内一所童年时常去的茅屋里，并明显地放弃了出家人的生活，甚至可能还建立了家庭，并完全依靠他的书画艺术过着简朴的生活。

他去世的时间一直存在争议，多数学者认为可能是在 1707 年，但其他的历史学家认为也许更晚，大约在 1720 年。

罗歇·德·皮勒与石涛各自的原则

【专论对比：石涛专论页；罗歇·德·皮勒专论页】

与权贵过从甚密并完全投身当时的艺术生活，但对同时代的生活方式和潮流颇不以为然，石涛和罗歇·德·皮勒两位画家作为纯粹的知识分子深孚众望，并受到他们独特艺术激情以及对辩证和美学辩论的激励。由于两人都接近当时有影响的宗教权力，罗歇·德·皮勒接近耶稣会修士而石涛则活跃于禅林，他们养成了保持他们的思想独立的习惯，并善于通过研究、祈祷和内省来丰富他们对世界的哲学性的研究方法。因此，他们著述的主要目的实际上都显得非常适合教学；我们甚至可以说这些著述就是针对发展新的"信徒"而写的。

而且，相当合乎逻辑地，两个人的精神和美学的思想方法首先在本质上表现为一种精英主义的，或者至少是非常有选择性的。

石涛努力摒弃庸俗："愚去智生，俗去清至也"，而罗歇·德·皮勒则宣扬优雅的效力（美德）："优雅通常是一种有选择、有礼貌并愉快地说话与做事的风格。……优雅并不总是基于像在古时或拉斐尔时代表现出的那种端正，它经常出现在不太精练或略显粗糙的作品，比如克雷乔的画作中……"

两者风格形成对照，中国画家石涛规定了普遍的一般原则，而法国理论家罗歇·德·皮勒则禁不住引用过去大师的典范性话语，不管是正面的还是负面的。

尽管如此，两人都选择了同样的方式去组织他们的思想并以他们各自独创的原则和既是美学的也是哲学的主导观念进行著述，这契合了他们的时代与国家的伟大思想：罗歇·德·皮勒的真实、石涛的"一画"法。

罗歇·德·皮勒在《绘画的基本原理》的开始几页就规定了"真实"的概念。在这个观念的逐步增加且意味深长的类型学中，他首先区分了简单真实，这种真实实际上是一种对自然的、书面的及客观的描述："我所称为第一真实的简单真实是对自然和物体的生动的运动的一种简单且忠实的（准确的）模仿，比如画家将它们选择为模特且它们首先呈现在我们眼前……"接下来，罗歇·德·皮勒介绍了理想真实的概念，一种已经更加复杂的观念，此观念使用记忆、视觉体验和艺术家的文化："理想真实是一种多样完美的选择，它从来不存在于一个单独的实物中，但却来自多个实物，往往是古代的。这种理想真实包括丰富的思想和创造力、适当的态度、轮廓的优雅、出色表现力的选择、厚帷幔漂亮的喷射等。总之，在不改变简单真实的条件下，所有更动人和得体的东西。"

总之，结束他以法国笛卡儿主义持久不变的逻辑——不可避免地导致将论题和反论题合并成一个不大可能的合题——所进行的演示，罗歇·德·皮勒引入了复合真实和完美真实的观念，深奥的、微妙的、受简单真实和理想真实启发的组合："由简单真实和理想真实组成第三个真实，通过这种连接实现艺术最终的完善和自然完美的模仿。就是这种美得像真的东西看起来往往比现实本身更加真实……"

在将他的创造性完全建立在对自然完美的形式认识上的同时，画家终于可以激发他的想象力，以便在保持完美"可信"的同时创造绘画的世界。

创造性的良性循环的种类，对于罗歇·德·皮勒而言，真实的概念既植根现实也植根艺术家的想象中，并最终达到一种完全重现自然的描绘，这种表现在构成一件完全独创的艺术品的同时完全保存了其可信性。

至于石涛，在他的著述中表面上坚持一种更加复杂难懂但也意味深长的思想观念："一画法"。"太古无法，太朴不散。太朴一散，而法立矣。法于何立？立于一画。一画者，众有之本，万象之根。见用于神，藏用于人，而世人不知。"

继续他表面上十分反叛的说理，石涛事实上赞扬画家想象和个人创造性的功效、效力："立一画之法者。盖以无法生有法。"在进一步明确表达他的思想的同时，石涛最后断言："此一画收尽鸿蒙之外，即亿万万笔墨。未有不始于此，而终于此，唯听人之握取之耳。"

这样，在坚持作为技术真实性和强烈的美学标准的同时，画家的行为与他的思想和创造力以亲密无间的方式融为一体，这个"一画法"对石涛而言变成了一个哲学的、普遍的、不可触犯的观念："然则此任者，诚蒙养生活之理，以一治万，以万治一。"

通过比较两位理论家的信念和说理，我们可以更好地理解他们如何能在从未相识的情况下，在将精神和理性置于优先这一点上殊途同归。石涛认为，"夫画者，从于心者也"。他进而补充说："意明笔透。"在坚持其艺术的理想化、理智化看法的同时，石涛用出色的方式概括了他的思想，他写道："画受墨。墨受笔。笔受腕。腕受心……"

罗歇·德·皮勒则以更简单却没什么诗意的方式呼应道："在工作

中，智慧可以带来快乐和便利，找对路的旅客比那些还在摸索中的游者更能安全快速地到达目的地。"罗歇·德·皮勒又说："像其他的艺术一样，绘画也有思想：困难在于分清什么是真实。"罗歇·德·皮勒实际上理解和承认：如果"绘画的本质和定义是通过形式和色彩的手法模仿可见的事物"，那么，只有"创造会产生艺术组合的思想"，既然创造"将由此选择从生动、古怪的状况到有时狂野但非常宜人真实"。

【画作对比：尼古拉斯·普桑，《秋天》（巴黎，卢浮宫博物馆）；石涛，《淮扬洁秋图》（南京博物馆）】

剖析两位理论家美学原则，人们开始发现两者很多的思想共鸣，就像与古代关系的共鸣一样——一个在两种语言中明显没有转移到相同概念的术语——以及与古代大师的关系。

石涛坚持"故君子惟借古以开今也"，的确，他由此演绎道，"古者，识之具也"，而"化者，识其具而弗为也"。同时，当罗歇·德·皮勒明确说明"对于一些画家而言，临摹古代的雕像大有助益，但对其他的画家，则非常危险，甚至可能毁掉他们的艺术。尽管如此，我仍然认为，在画作的最后完善上，对古代艺术十分精通，甚至对其深入理解是必要的，但对其进行合理运用也同样必要的……"时，也表达了同样的看法。

本着同样的精神，两部专论在对画家与其杰出的前辈应该保持的关系的详述中表现了一种信念的完美统一。在对创作者必要的精神和美学独立的描述中，石涛显得最简洁清晰准确也最情愿和风趣："非似某家工巧，只足娱人，是我为某家役，非某家为我用也。纵逼似某家，亦食某家残羹耳，于我何有哉！……如是者，知有古而不知有我者也。我之为我，自有我在。古之须眉，不能生在我之面目。"这位中国画家自豪地补充说："纵有时触著某家，是某家就我也，非我故为某家也。天然授之也，我于古何师而不化之有？"在坚持自然创作过程中的优先性的同时，这个最后的断言明显最为重要，是对同一时期欧洲风景画现实主义流派所捍卫规则的回应。

他自己确信观察自然在培养艺术家的眼光和感觉中所起的重要作用，另外自视为师法自然的最初的捍卫者之一——我们待会儿还会谈到这一点，罗歇·德·皮勒则以一种简洁彻底的方式总结了他总是建议学习和分析的古代大师地位的理解："总之，画家应在他进行的工作上思考自我。"

两部专论同样坚持艺术家要很快地学习古代大师的精髓：首先，谙熟他们的作品，在细节上学习他们，并将他们融入自己艺术生涯的成长过程；其次，懂得将他们的影响相对化，甚至将他们忘记，以寻找艺术家"自己的"——注意，两个作者都用了这词——灵感。

师法自然

"天然授之也。"石涛彻底且充满热情的评定，这个终极宣告好像是两位理论家的最引人注目最有力的共同审美表达之一。

其实，抛开他们的文化距离不谈，两个人一致努力追求将师法自然的绝对必要性作为画家以可靠的方式描绘现实的唯一方法，两位画家将其视作丰富他们灵感和创造力的主要源泉之一，是因为对他们而言，只有在这种与自然的密切联系中，艺术家才能借助他们对现实的个人及直观的感知来创作原创作品。

在其专论最精彩一页中，石涛描述画家应该从自然中汲取并从自然所不断呈现的实物中获得灵感的方式："信手一挥，山川人物，鸟兽草木，池榭楼台，取形用势。"然而，在拒绝任何一个空谈派的研究方法的同时，中国画家绝不强加一种建立在单一现实主义上的片面的目光，恰恰相反，他立刻就对自然客观描述提出了技巧及审美的替代方法："写生揣意，运情摹景，显露隐含。"

在石涛看来，师法自然不应刻板地追求对自然形态的准确"复制", 画家应深入思考完全现实主义的方法以让他的想象力和创造力重建现实。

罗歇·德·皮勒则明显地继续以一种教导式的方式, 以一种原始的方式通过鼓励在乡间散步及在田野和树林发现趣味这一原始方式开始他的示范讲解, 并轻描淡写地描述他认为风景画家应该首先采用的面对自然的自由自在的方式: "艺术家想象自己或者在狩猎, 或者在呼吸空气, 或者在悠然散步, 或者闲坐, 并陷入愉快的沉思。"然后, 迅速丢弃这种肤浅的方法, 罗歇·德·皮勒迅速回归到画家职业的现实, 并断言当后者在附近的树林和原野散步的时候, 他的举止应该像房屋的"主人"一样, 既然作为风景画家, 通过他独一无二的大自然的"肖像画家"的优点, 他可以"随心所欲地安排一切, 无论地上、水中, 还是天际", "因为那些或者是艺术的产物或者是自然的产物, 没有一样不可绘入这样的画中"。

随后摒弃了理论家空谈的、美学的、思考的抒情表达方式, 罗歇·德·皮勒这次采取了大声进行推荐的说教的教员与教授的语气, 他以一种非常简洁明确的方式提出他对年轻风景画家的学习至关重要的建议: "我的学生几个月里在我们的眼皮底下作画, 他临摹了很多顶级大师的画作, 但他没有看到大自然。他需要向自然请教, 在最美的季节里, 我们一起到田野去写生。"

与尽力严格地停留在纯粹审美思考的一般原则层面的石涛不同, 罗歇·德·皮勒直接进入了他教育原则的细节: "首先应局限于尽可能地在选择的效果中临摹大自然的主要色调", 他建议, 并提出特别清楚严格的步骤以表现自然: "他的习作从天空开始, 那里给出了底色的色调, 这些, 与它们相连的层次会逐渐来到前面, 相应地与用来创造当地色调的天空相一致。"

在此问题上, 坚信纯粹的创造力的石涛, 让艺术家自由地选择他们描绘自然的途径, 而极有理性的罗歇·德·皮勒则变得明显地更拘谨，并提出一个既注重技法又注重美感的方法和体系。

此外，我们注意到在这个时期，按此逻辑，罗歇·德·皮勒首次引入了"自然的装饰"——"古典"风景画家的艺术依据之一，通过这个词定义了风景的主要要素，换言之，首先，山脉、天空、云彩、树木、植物和岩石，还有建筑物或远景。对于罗歇·德·皮勒而言，这些风景的构成要素当然大大地对画家想在其对自然描绘中激起的动作和感情裨益良多。

石涛并未对其准确定义，甚至拒绝进行隐喻，实际上在他对风景的描绘与构成中也研究了相同的自然元素："……山川人物之秀错，鸟兽草木之性情，池榭楼台之矩度……"石涛与罗歇·德·皮勒有着相同的精神，并赋予这些要素一种决定性的美学和诗意的功能："画于山则灵之，画于水则动之，画于林则生之，画于人则逸之……"

险峻与崇高

就像我已经指出的，与词汇相连的基本概念以及一种语言与另一种的区别必定使我们在两种文本的对比中特别谨慎小心，但是相反，不同的两个中文和法文词汇往往趋向于极其相近的概念。比如石涛所用的"险峻"和罗歇·德·皮勒在持此观念的两个大理论家——埃德蒙·伯克与伊曼努尔·康德之前使用的"崇高"。

注意石涛在其专论中对"险峻"这个概念下的定义，这个概念建立在遥远、难以达到、几乎超越等观念之上："险峻者，人迹不能到，无路可入也。如岛山渤海，蓬莱方壶，非仙人莫居，非世人可测，此山海之险峻也"；接着，石涛更准确地用画来定义"险峻"："若以画图险峻，只在峭峰悬崖，栈道崎岖之险耳，须见笔力是妙。"

罗歇·德·皮勒更加简洁（简练、简要），将关于其展现非常适合审美观念"激情"的"崇高"的概念，纳入了他的专论中，我们不久还会提及此事，"由于激情和崇高两者都力求提升我们的精神，可以说它们是同质的"。被描述成一种精神的冲动、一种艺术家的热情的提升的"激情"对罗歇·德·皮勒而言是一个关键的概念，他使"崇高融入激情的定义中，因为崇高是激情的结果和产物"。

两位理论家对后世产生影响的类似重要艺术思想的主张为：只对自然进行现实主义描绘，对"自然的饰物"做单纯的描摹不足以产生一件艺术作品，如同泛神论的甚至是哲学的方法一样，对自然的诗意、戏剧性的研究方式对风景画家是必不可少的。

天地之质

石涛和罗歇·德·皮勒都在他们的艺术中追求一种超验性。

石涛以雄心勃勃及概而论之的方式将风景画视作"乾坤的反映"："得乾坤之理者，山川之质也；得笔墨之法者，山川之饰也。"当中国画家力图描述建立在其艺术与乾坤间的关系时，他可能写出了绘画理论史最美的篇章之一："画之理，笔之法，不过天地之质与饰也，山川天地之形势也；风雨晦明，山川之气象也；疏密深远，山川之约径也；纵横吞吐，山川之节奏也；阴阳浓淡，山川之凝神也；水云聚散，山川之联属也；踞跳向背，山川之行藏也。"

这种艺术家与自然元素震动的绝对结合，这种与整个天地的冲动的融合，构成了石涛艺术的基础和初衷。

罗歇·德·皮勒在基督教思想和对科学可靠性的信心方面更加有理性且有良好的教养，他首先考虑将"心灵"的概念作为绘画艺术的基本原则，但与石涛的方式相同，他给每个自然元素一个能引起联想的或者诗意的维度，由此，为阐明他的主张，我详述罗歇·德·皮勒明确表达的、关于水作为灵魂状态以及诗意主张的媒介在绘制风景画中的重要性："风景画的灵魂很大程度上来自画家引入其中的水。

可以看到各种式样的景象：水时而猛烈，当暴风雨使其溢出时，当岩石崩落时，水溅起并逆流而上，或者当被外物挤压时，水从中漏出或激起无数银色的浪花，通过运动的和声音的外形，舒适愉快地诱惑着我们的耳目；水时而平静，在沙床中蜿蜒；时而像失去了运动的能力，水作为我们忠实的镜子以增加所有它所面对的事物以及在这种静止状态下比在涌动时给它更多的生命。"

两部专论的比较显示出我在前面已经提到或触及的这个分歧：一方面，泛神论的角度完全占据了石涛的思想，这种思想优先表达他的精神及哲学信念；另一方面，罗歇·德·皮勒在同一时期保留了一种在对其进行探索的同时，首先力求解释和表明描绘感情和情感的客观方式的理性精神。

石涛则依据其"山川天地之形势"的逻辑指出："夫画，天下变通之大法也，山川形势之精英也，古今造物之陶冶也，阴阳气度之流行也。借笔墨以写天地万物，而淘泳乎我也。"对于这个出色的泛神论的论说，罗歇·德·皮勒以一种几乎不可知论的方式表达的更人道更哲学而非精神的价值予以回应，在这个语境中，他引入刚才我谈到的激情的概念："激情是一种使人们以崇高的、惊人的、可信的方式相信事物情绪的输送。不过，像重视一幅画作的情绪随着它在那里发现的高度，在激情中的情绪的输送对画家和观者是共同的……"罗歇·德·皮勒证明了他善于运用图像或隐喻："可以将绘画看作是个漂亮的花坛，将天资看作基础，将原理看作种子，将好的情绪看作在播种季节撒种以期收获长出带来的乐趣多过实利的各种花卉的园丁。"

结　　论

【画作对比：列奥纳多·达·芬奇，《圣母子与圣安妮》背景中天空与群山的细节；石涛，风雨山楼，广州艺术博物院】

　　我既不是汉学家，也不是中国艺术史学家，我完全理解我的中国同事或朋友不赞同我刚刚就石涛和罗歇·德·皮勒两部专论作出的评价。实际上，我对罗歇·德·皮勒的《绘画的基本原理》熟稔已久，且此书在法国已有大量重要的相关出版物，石涛的《苦瓜和尚画语录》的重要意义容易被西方情绪遗忘，或者至少不能完整地或完全地被理解。

　　但尽管如此，值此中欧文化论坛之际，由国际跨文化研究所提议的会面和交锋的这些天，让我觉得是提出这样一个在法国与中国两个历史及美学的基本维度间进行比较的理想的时刻。当然，完全理解石涛和罗歇·德·皮勒两人表达的思想间的交集和分歧需要精通 17 世纪初的中国及欧洲艺术史，难道这里真的没有共同的真实的主题吗？难道中国和欧洲的历史学家、艺术家、唯美主义者不能一起工作，像在理论美学思考中那样在语言学领域定义客观的有意义的比较标准吗？难道他们不能安排一种可以更好地勾勒中欧风景画间异同的艺术理论比较史的研讨会吗？

　　归根结底，一旦这项工作完成并找到获得理解的关键，比较尼古拉斯·普桑和石涛的画作还是荒谬的吗？

文明对话的言语、具象与实践

韩少功[*]

一言多象

一位小孩面对着一些成年人，声称自己知道结婚是怎么回事："结婚就是爸爸的精子咕噜一下跑到妈妈肚子里去了。"他的话引起了客人们的哈哈大笑，引来父母的面红耳赤，却让小孩自己久久地纳闷：我说错了吗？

孩子其实没有说错，而且应该说表达准确。引起哄笑是因为对话双方虽有共同的用词，却没有共同的具象联想——成年人对精子的联想当然迥异于孩子。这些联想来自不同的生活情境，既不可能从一个人身上抽取出来然后注射给另一个人，也无法借助芯片技术或克隆技术加以复制，因此语言是公共性的又是非公共性的；换句话说，人际之间的交流用语，常常是同中有异，甚至形同实异。

一个寒带居民与一个热带居民，对"太阳"一词会有相同的感

---

* 韩少功，著名作家，中国作家协会主席团委员。

受？一个终身定居者与一个频繁迁居者，对"家乡"一词会有相同的感受？"民族"这个概念，放在一个十亿人口的大国，与放在一个数千人口的小国，能链接言说者们同样的心理感觉？当下全球化的现实，是富人在无国界地发财，穷人在有国界地打工；全世界的富人富得一样，全世界的穷人穷得不一样——那么我们所说的"全球化"是哪一些人的人生故事？这种五花八门的复数"全球化"，能否借助一本词典而获得统一的定义？

有些英文词很难译成中文，比如 being；正如有些中文词也很难译成西方文字，比如"道"。更重要的是，即便是像"太阳"这样的常用词，在实际生活中其实也歧义丛生。交谈者也许能沟通于表面的词义，却不一定能沟通于"言"下之"象"，即那些不常说出、不易说出、不可能尽说的特定感觉记忆。因此，严格地说，言辞大多类似于行话或黑话，是局外人可以浅知却无法深知的东西，只有在相互默契的密谈者那里，才可得到较为充分的理解。

德国思想家哈贝马斯倡导不同主体之间的"对话"，以重建理性的、民主的"公共领域"（见《交际行为理论》）。这对于当下四分五裂的世界来说诚然具有重大的建设性意义。但需要指出的是，"对话"不能止于词典、论坛以及意见领袖，否则我们就会大大低估对话的难度，就可能在获得共识时忽略实际上尚存的分歧，在遇到分歧时忽略实际上已有的交集，有时候我们甚至就会像一个孩子找成年人兴冲冲地来讨论"精子"一样——虽然不会说错什么，却可能引起哄笑。

一象多意

具象是非语言的信息，却是比语言更有效的交流符号。比如我对伟大欧洲的认知，首先从视觉、听觉、味觉中的具象开始，来自意大利的雕塑、奥地利和波兰的音乐、西班牙和俄国的舞蹈、英国和挪威的戏剧、法国的小说和电影……当然还有巧克力。于是一个概念的"欧洲"逐渐成为感觉的"欧洲",差不多是一个美学过程。中文词"影响",就是由"影像"和"声响"两个词素合成,显示出视觉与听觉早已被中国古人奉为文化的魔杖。

事实上,艺术以具象表达为看家本领,具有跨国界、跨语种、跨政见的强大功能,构成了不同文明之间的最大重叠面,是对外交往最直接、最方便、最深入人心的方式。很多调查结果显示:台湾校园歌曲在大陆的流行,使很多大陆人对台湾增加了好感;韩国电视剧在中国的流行,也使很多中国人增加了对韩国的好感——这对于化解东亚地区冷战意识形态,无疑取得了理论难以达到的效果。

当然,艺术生产受制于市场需求、政治操控以及文化传统,有时也会出现偏向。除此之外,艺术也是一种媒介符号,即便是严格写实的作品,也并不等于现实生活本身。有一位欧洲朋友曾对我的一张老照片大加赞叹,说这个地方真是漂亮,能在这里生活实在让人羡慕。这句话让我十分吃惊,因为照片里的背景从未让我特别在意,我在那里度过"文革"十年时间中的六年,甚至留下太多沉重的记忆。显然,镜头在这里展示了什么又隐瞒了什么。观看者有视觉的在场,却没有听觉、嗅觉、味觉、触觉的同步延伸和配套参与,因此她看到了美丽的风光,却嗅不到风光里的粪臭,听不到风光里的喘息,触不到风光里的蚊虫、酷热、泥泞——而拍摄者的饥饿,更是我事后没法兴高采烈的原因。

很多人爱看战争片,但这决不意味着他们愿意接受战争。很多人希望从小说中了解强盗和妓女,却决不愿意与这类角色为邻。生活与艺术有很多差异,其最大差异在于身体的在场与否,尤其是触觉的有无。中文词"体察"、"体认"、"体会"、"体验"等,都相当于"感知",体现了中国古人对"体"的格外重视,视"体"为感知世界的最高手段,就像德国哲学家海德格尔笔下的德文词根 hand(手,动手）——后者频繁出现于他的存在论哲学，以描述万物从 Zuhandenheit（待用）到 Vorhandenheit（在用）的显现过程。

在将来的某一天，艺术是否也有传达人体触觉的可能？"仿真电影"正是这样的尝试，似乎力图最终消除生活与艺术之间的边界。专家们为此制作了三维影像和音响，还制作了可以摇晃的座椅，可以喷雾的管网，可以改变温度、气味的各种设施，让观众尽可能亲临其境。但无论他们怎样忙下去，我们能够在电影院里亲历受刑和挨饿的痛感？能亲手触抚潮湿的泥土、粗糙的树皮，甚至人体炸弹造成的鲜血喷溅？再说哪一位观众会愿意头破血流地走出电影院呢？不难确定，在这样的电影院出现之前，在人们愿意接受这样的电影院之前，艺术这扇认识之门，同样面对着深不可测的未知空间。

作为彼岸的他者实践

公元 3 世纪，一些中国学者展开了激烈辩论，事关言辞、具象、意义三者之间的关系。一位叫王弼的学者认为："象"是第一级符号，"言"是第二级符号，即次一级的符号，因此"言"不足以表达"象"，"象"也不足以表达"意"——在这样逐级指代的过程中，信息有不可避免的损耗（见《周易略例》）。

什么是"意"？什么是人们步步接近又无法最终抵达的那个神秘之境？在更早的公元前 300 多年，另一位中国学者庄子说过这样的故事：一个车轮匠见国王读书，得知对方在读经典，便讥讽了一句，恐怕都是糟粕吧？国王很生气，要杀这个车轮匠，但最终倒被对方的一番话打动和说服了。车轮匠是这样说的：修车轮不容易，车轴小一点点不行，大一点点也不行，要做得恰到好处，全靠手上的微妙感觉，是讲不出来的，连我父亲也无法将其传授给我。由此推想那些前人的经典，讲不出来的微妙之处都随着他们死去了，留下的书还能好到哪里去（见《天道》）？

显然，在庄子看来，"意"不过是指事物的真实，事物最大可能的真实，即一个实践者的全部感知——从某种意义上说，就是包括触觉在内全部感觉的充分到位。不幸的是，一个人要重叠另一个人的实践，几乎是不可能的。一个共同体要复制另一个共同体的实践，更是不可能的。这就是所谓文明对话的最大难点，包括古今之间对话和中欧之间对话的难点。但这并不意味着他者经验是一个黑洞，历史上优秀的文化，包括各种理论、新闻、艺术的作品，均含聚作者或多或少的亲历性感知，实现了人们对认识彼岸的相对接近，确保了人类知识成果的有效积累；这也不意味着文化生产徒劳无益，恰恰相反，一旦以彼岸为奔赴的目标，我们就有了有关求真的批评尺度，就有了对各种文化符号的价值要求和审慎评估——而这正是成功运用文化产品以及不断克服其局限性的必要前提。

值得注意的是，随着教育的扩张、媒体的膨胀、信息的爆炸，当代社会正在成为符号社会。很多文化从业者离各种实践前沿不是更近而是更远，有关身体在场的努力并不容易。比如一本理论作品的合法性和可靠性，常常只是以浩繁的参考文献为证，而无须作者投身实践的履历报告，于是没有亲历战争的人在表现战争，没有亲历贫困的人在表现贫困，没有亲历中东的人在大谈中东的穆斯林——这已成书架上普遍的现象。干脆在机器人或侏罗纪那里逃避现实，也是常见的文化热点。在这种情况下，符号在自我繁殖。文化不再来自生活，不再来自生活的文化本身成了很多人最真实的生活，成了都市、学院、工作间里的常见景观。精英们擅长从书本中产生书本，从绘画中产生绘画，从电影中产生电影，如此失重和无根的文化工业竟耗费了很多职业化才子的一生。问题在于：这种符号的高产能使我们更多地了解世界，包括更多地了解黑压压陌生的他者？在最好的情况下，它们实现感知大举拓展的同时，是否也伏下了更多误解的危险？

　　意大利传教士利玛窦在几个世纪前的中国生活了二十多年，成为了中欧文化交流的重要桥梁。他也许拿不到今天的文科博士学位，因为他的著作缺乏可观的参考文献，但他更重要的隐形文献就是他的人生，是他在半个中国几乎全部的劳顿、困苦、惊讶以及现场见证。我提到他的意思是：在交通发达出行方便的今天，在一日千里不再是神话的今天，我们其实有更多身体在场的条件，有更多实践者之间心智对接的可能——是否应该比利玛窦做得更好？

　　至少，我们不应在文化工业的五彩泡沫中迷失。

美的结构

菲沃斯 – 安杰洛斯·科里阿斯[*]

序　言

从我的演讲中，您将会了解到关于美的概念，并且这一概念将会从某些方面代表我的身份，也许由于希腊是生我、养我的祖国，也许我曾经在巴黎居住，抑或是我是一名青年作曲家。无论如何，我希望只按照人的方式——一种喜欢各种人类知识和艺术的人的方式讨论问题。同样我相信，当与您交流的时候，我把大家也视为人类平等的一员，并且认为您也喜欢人类知识和艺术的各个方面。因此，我希望您能够对我演讲中的某些要点感兴趣，并且这些要点将会给大家的个人思考提供某些灵感。

引　言

我想大家来这里是为了聆听关于"美的概念"的讲述，同时这

---

[*]　菲沃斯 – 安杰洛斯·科里阿斯（Phivos-Angelos Kollias），希腊作曲家。

也是本次大会的主题。如果我们仅仅试图思考美是什么，以音乐为例，您希望从音乐中听到哪些美？您的朋友或者您身边的人士希望听到哪些美？一部分人希望听到哪些美？例如，在布鲁塞尔、北京或者罗德市什么才是美的音乐？谁选择、发现了美？谁又定义了美？这是哲学家或者艺术家定义的制度吗？这是关于某些人或者该人群某一非特定部分的统计分析吗？也许由于参加音乐会的某些人士为音乐增添美感？或者也许是一名艺术家从其唱片目录中赚取的金钱数额为音乐增添美感？

对此，我实在不知道怎样回答这些问题。如果您是想了解答案的，我真的没有为您准备现成的解决方案，没有打包的意见可以像止疼药一样供您服用，以缓解您概念方面的痛苦。

让您失望我感到很抱歉，但是关于美或者关于其他相关事务，我实在是无法为您提供新的概念。然而，这并不是因为我没有意见要表达，或因为我无备而来或因为其他方面的事情。相反我相信，通过开发您已有的心理资源，您已经有足够的能力，可以自己形成关于美的新概念。通过您自己作为生物，作为一个会说话生物的个人经历，您已经具有了这种必要的能力。为此，我下面的演讲将只为激发您的个人概念，力图通过这些互动产生一些新的思想。

语言：构建一个关于美的普通概念

由于现在至少在探讨美的时候，除了通过语言交流没有其他方式，因此如果我们设定一个共同基础也许更合理一些。开始之前我想在此向大家引述《牛津英语词典》中查到的两个定义："美（Beauty）：1. 色彩的形态和韵味的完美组合，可以为视觉提供强烈的快感。2. 素质或者素质的组合，可以为其他感觉器官提供强烈的快感（例如听觉），或者通过内在优雅或者适合理想目的吸引智力或者道德官能。"

我相信，在座的每一个人都知道什么时候、什么事物会让您感觉到"很美"，但是没有人可以真正肯定地说明什么才是美。美的基础存在于每一个人的个人体验，因此从其他人的角度无法直接观察到，也无法直接传输，基于上述考虑分析现代性的定义就真的很不容易了。当然，每一个人都知道，现代性是一种"主观体验"，并且到目前为止我们还无法"讨论"这一体验。这是因为，当您使用语言的时候，您将会把自己的个人体验与作为聆听您讲述或者参加讨论的其他人的个人体验相协调。

让我们举个例子，我为您演奏一个音乐片段，如巴赫的《哥德堡变奏曲》咏叹调（1741 年发表），这段音乐至少在西方文化中被视为是美的。听过这段音乐，然后我说出一句"这是一段很美的音乐"，我相信在座的一些人会与我有类似的体验，尽管这种体验并非完全相同。这一句简单的话足以协调我们的体验。由于您的体验与我的部分体验是类似的，并且可以通过语言协调并证实，因此我们大家在"体验"上都同意现代性的含义。这是因为，尽管是通过其个人体验，但每一个人都可以理解并承认现代性的概念。当然，在座有些人在体验巴赫的作品时，您的感觉器官不会感觉到任何可以被视为美的东西。尽管如此，通过参照您以往的经历，您一样能够"理解"通常被定义为美的体验。同样，您也可以参照另外一段可以激发我们视为美的音乐。

在座的每一个人都可以将美的属性赋予这一音乐作品，我们大家可以形成一种共识，即这一作品是很美的音乐。通过我们的体验，我们的感知让我们确信。同时，我们大家共同认为，从美学意义上这是一段令人愉悦的音乐，因此我们大家具有"共同信念"。由此可知，我们一起建立了我们"关于美的共同概念"。概念对于每一个个人可能是主观的，但同时概念对于我们又具有"主体际性"，我们都相信这一概念是真实的。不但如此，如果我们试图更加详细地阐述一下，这一音乐作品吸引我们每一个人的具体特点是什么，我想每一个人都将会给出不同答案。虽然每一个人都可以发现美的属性，但不是每一个人都必然将这一属性归结为同样的事物或者同样的原因。

虽然，我不认为我们可以通过定义来把握美的事物，但是仅通过语言（无论是文字的或者非文字的）我们可以发现美并向其他人表达美。为了理解美和其他抽象概念，我们可以通过定义回顾我们以前曾经体验过的并且已经通过口头确认过的过程。

关于美的概念，我们大家已经通过协调我们的经历，共同建立了一种感知上的定义，让我们在音乐历史框架内快速浏览一下美。

先锋音乐和美的概念

虽然在各种形式艺术的历史上，人们从来没有停止追问关于美的概念，但是至少在这一点上，我们没有发现在战后先锋派音乐作曲家对此提出问题。先锋派音乐作曲家可能会谈论音乐中的"美学"或者也许是关于"音乐的魅力是什么或者音乐的知识性有哪些"，但是我们很少发现美这一用语。值得注意的是，这一时期最富有争议的作曲家之一兰尼斯·杰纳吉斯，他在一部作品中声称："美或者'丑'的素质对于声音没有任何意义，同样对于由声音构成的音乐也没有任何意义。"同样，皮埃尔·伯利兹于1948年也曾经写过一篇文章，在文章中有这样一段话："对于以一种非常美的方式提出的美学问题，如果用文字来阐述我觉得有些恐怖。"赫尔姆特·拉奇曼是先锋派另一位具有影响力的人物，关于这一问题他为我们指出了一个更加清晰的角度。他解释说，对于50年代先锋派音乐的背景，人们主要专注于重要声音的组织。另外，有一种与旧有模式对抗的态度，以建立新的音乐领域。在这样一种背景下，不仅美的概念没有立足之地，并且按照拉奇曼所述，美还"十分令人怀疑"。美的概念释义充斥着过去以及被视为陈词滥调和禁忌的东西，而当代作曲家对于这些东西唯恐避之而不及。然而，在回避美的陈年疑问时，人们正在重新开始寻找一种新的美学，这一过程已经成为一种默默的倾向，这一次是建立在新的声音价值基础之上，好像是中性的且与古老的美学参照脱离了关系。拉奇曼曾经说过："（有些人）认为，从中性的'音值'（再一次）向前延伸是有可能的，这些'音值'与美学的种种思考形成一种秘密的辩证关系，而这些关于美学的种种思考很明显已经不在讨论的范围了。"

值得注意的是，20世纪60年代，一些先锋派作曲家开始采用此前他们认为是陈旧美学概念的一些特点。一方面，对于旧的事物开始表现出更加宽容和更加宽松的态度，同时对于此前严格和固执的先锋派表现出一种质疑。另一方面，基于古老的美学规则出现了一种为社会接纳的因素。19世纪60年代单纯复古的作曲倾向，在70年代导致作曲方向的完全倒退，远离声音的新领域。事实上，这种态度走上了另外一个极端，因为一些作曲家宣布，这一倒退为先锋派的一种新方式。

我们可以观察到，在美学新颖和传统两极之间有一条震荡前行的历史演进之路。后现代期间，震荡解析成为一种传统和新颖倾向共存的形式。

拉奇曼为了建立他自己全新的美学概念，试图从音乐中排除任何关于过去的可能成分。在演奏拉赫曼作曲时，要求乐手演奏完全由作曲家发明的声音。要求乐手刮擦、击打或者以其他方式演奏乐器，演奏的位置或者方式与乐器原有的设计完全不同。对于感知方面没有受过专门培训的人们来说，这一声音可能听起来很怪异，在某种程度上没有音乐性或者仅为一种不和谐的嘈杂。

由于这种原因，我有一段经历提起来会非常好笑。那是在2006

年，在达姆施塔特的夏季培训班上，我亲身体验了拉奇曼对于美这一概念的态度。拉奇曼在他授课或者工作室创作期间，经常向我们介绍这一技术和声音，用言语描绘、使用录音设备播放或者甚至让乐手表演。现在让我们在想象中勾勒一下这位具有超凡魅力的巨人：两米高，谈话时表现出对于新技术、新声音的狂热，曾经无数次激情四射地脱口而出，"太美了！太美了！"

当代美的概念

今天，我不认为我们对于美的概念能说出什么实在的价值，也就是说，我们当前认为美的事物同时又成为美的目标。当然，我们可以做一些反思，或者可以在关于可能导致怎样的结果方面做一些假设；然而，又仅此而已。当然，这就如同有人将一幅点彩画作品放在你的眼前，并且请您谈一下这部作品。事实是在这种情况下，如果您试图谈点什么，就只能是关于您眼前的点点。同时我相信，由于非常极端的近似性造成视野受限，这可能是唯一有效的解释。然后，如果您必须在这一堆点点的基础上评估一下这幅作品，除了您凭借自己的头脑重新创造一下该作品，您还能说出什么呢？

然而，谈论过去总是更容易的事情，因为过去的时间给予我们适合的距离，我们可以更加仔细地观察新生的模式。通过系统观察和研究，这些模式构成了我们称之为"历史"的概念。在这里，概念已经被选择，并与参照情景相搭配。这些概念已经被广泛接受，并与主要名称相结合很好地确立了起来，并且更重要的是其与较早期的有效概念相结合。回到点彩画作品的隐喻，如果与画布保持一定距离，您就可以看到彼此不联系的点点转变成为连贯的形式，即画家希望表现的形式。

也许如果我受不同的思想指导，今天我就可能会在此做关于音乐的陈述，我陈述基于我眼前的点彩画作品中区分出的若干小点点。因此，我将尽力避免这些。

出　现

在探讨我们的主要观点之前，我希望简要解释一下"出现"的概念，因为按照我的观点，这是一个重要概念。我想您可以想象一下，如果我们开始解体我们的手和我们的思想可以接触的东西，那我们每一次都可以毫不费力地将原有的东西撕裂成为碎片。也许你们中有些人还是小孩子的时候（当然我是指淘气的孩子），就可能已经体验到了以下情形：您发现一个美丽的蝴蝶，您希望捕到它，您希望了解这个美丽的小生灵是如何"活动"的。因此，您就开始扯掉它的腿，剖开它的肚子，割掉它的翅膀，将它切成碎片……很恶心是不是？现在您的脑海中一定出现了一堆支离破碎的昆虫肢体，感觉好像自己害死了一个无害的，并且更糟糕的是，一个美丽的生灵。真的，这确实让人心里感觉不是滋味……

甚至即使您敢于实施这一解剖手术，您也不会更好地理解究竟是什么为这一昆虫增添了美的属性。您没有找到魔力的种子或者黄金内核可以使蝴蝶成为一个美丽的生灵。事实上，您可能已经发现了一些关于解剖蝴蝶的线索，但是没有找到关于其在美学方面的基础。但是，一只蝴蝶之所以成为一个生灵，首先不只是构成蝴蝶的各个部分。需要的还有各个部分的连接方式和连接模式，由此蝴蝶"表现"出功能的整体。昆虫经过漫长年月的进化过程形成了现在的样式和色调（具体进化原因我无法解释），最后通过昆虫各种样式和色调的组合"出现"在我们面前的是我们感知认为漂亮的外表。

我们可以分析美的东西，谈论这些东西的结构以及这些东西的特点，但是如果不是一个"出现"的整体，我们则无法体验这种美。

美的组成

因此，如我们以前曾经说过，我们可以感知美丽的事物，我们可以谈论美丽的事物，并且我们可以将我们的部分经验与其他人的部分经验相协调。然而，我们总是不能掌握美本身。

确切地说，我相信这就是美的美丽之处。这就是为什么我们能够创造和体验艺术的基本原因。这就是为什么我们可以谱写音乐，由乐手在物理空间中演奏，并且人们可以聆听。因为通过这种方式可以在体验的同时理解某事物，某种无法用言语表达和无法描绘的东西，某种不在那儿但又不断在那儿出现的东西，某种文字只能触及其皮毛而无法深入接触的东西，某种庄严的某种先验的东西。然而我认为，正是通过这种方式我们可以进入（请允许我称之为）玄奥领域。

我在讨论玄奥的时候，并非讨论某种神性或者某种超自然构成的事物。但是，请允许我澄清我的观点，以免造成任何误导。

我现在正在讨论的是"美的组成"。我现在正在谈论的是关于个人美的结构。我认为，当"您"面对您认为或感觉是最"美丽的"艺术作品之一、情有独钟的"美丽"音乐、感觉最"美丽的"绘画作品时，该作品美的全部组成是由"您"创造的。

当作曲家、作家或其他人士在创建一个环境，并在这一环境中"暗示"各种成分互相关联的和谐场所，我理解作者的作用。作者通过自己的艺术为他提供的材料，创建这一背景以及各种成分的和谐场所。同时，听者/欣赏者构建了该作品和他个人关于美的概念。听者/欣赏者的记忆、感觉、符号和含义与作者提供的成分相匹配。

音乐中美的组成

为了更具体地说明，我们来评论一下由作曲家创作的音乐作品。作为听者，您与这一作品有什么关系呢？作曲家使用声音来创作，建构声音成分的背景。他可以通过音符或者通过计算机视听互动操作声音成分。由此作曲家按照自己的实际感知及其想象中关于该作品在逆想演奏中将如何构成的精神投射，为这一作品创作了特有的声音和谐场所。

在演奏过程中，您、作曲家和听者之间将会发生什么呢？无论是否作曲家在表演中与您一起在场，您将会聆听作曲家已经编排好的有组织的声音，以便收集、表征和组织。有组织的声音既不是作曲家心理的直接投射，也不是他编码的直接体现。然而，通过他的编码，您的部分经历将与他的经历相"协调"，就像我们曾经提到过的，语言与我们个人心中美的概念相"协调"。

作曲家无法知晓，您将如何体验他的作品，因为他无法接触您的感知。当您体验演奏时，他不可能了解您将构建怎样的联系，或者您将有何种感觉、您的内心对话或者您个人体验的其他部分。由于您的部分体验不在他的体验范围之内，因此这些部分也不在他的直接控制范围之内。因此，您可以通过自己的所有体验直接与作曲家提供的各种成分背景自由互动。

最后真正印证了我的观点，无论您是否同意，作曲家在"他的听众感知内部"创作的作品脱离了他的控制。该作品在创作的过程中，可能在结构方面非常细致和非常精确。然而，在聆听的过程中，每一名听者将如何感知作品呢，这是作曲家无法控制的。艺术家提供的是一件固体的"创作"，听者接受的只是为其感知提供的一个"充满暗示的背景"。尽管如此，甚至即使结果不在作曲家意图总体的范围之内，但也必然包括作曲家意图的痕迹。

因此，虽然美中有超出了日常体验范围的东西，超出了语言可以表达的范围，有某种玄奥，然而又在个人主观范围之内，那只有一种可能："在座各位每一个人都创作了自己超自然的体验。您正在建构属于您自己的美感。"

责任和自由

现在，您也许已经认识到，您正在掌控"您自己的"感知，这不可避免地在如何认识我们自己和我们在世界上的居住场所方面会产生很多结果，会产生很多关于责任和自由的问题。在此我将总结一些一般性的反思。

首先，我们为什么要依赖其他人，例如哲学家或作曲家来创造我们自己心中美的概念呢？为什么我们依赖他们为我们思考并给予我们现成的解决方案？为什么我们需要权威人物把他们自己的感知和思考成果强加给我们？

这也许是因为，大多数人认为其他人为他们考虑的事情，为他们所做的选择，为他们所做的决定总会更可靠一些。这些人认为自己非常渺小，在这个世界上没有影响力。然而相反，世界的产生是每个人的感知以及每个人在世界上所作所为的结果。我们在座的每个人对于我们的生活，无论是作为个人还是群体都肩负着平等责任。

问题是大多数人都可能接受这一限制性观点："让其他人为您思考总是更可靠的。"因此，大多数人感觉在着装方面或者甚至行为方面跟从潮流是更加可靠的，而不是选择自己的方式，展示自己的风格。他们不得不听广播认为的有效音乐，而不是搜寻他们自己感觉有兴趣，甚至"美丽"的艺术家。他们不得不接受我们称之为大众传媒的电视硬塞进他们感知的任何东西，他们对选择的原因从不质疑。更加糟糕的是，当他们不断地以一种被动的方式接受信息却不对此提出疑问，他们则倾向于相信电视给他们灌输的任何东西。

在本文的末尾我想提醒大家，"您"掌控自己的感知，"您"掌控自己的美学选择，由此作为一种结果，"您"作为这个世界的积极部分还掌控这个世界。永远不要忘了这一点。

卢浮宫

朱青生[*]

　　我把我的发言内容做了一点改变，是为了能够跟昨天的会议上提出来的问题形成一个对话和对应。原来的题目也是预备在这个会议中来说的。开始有几个题目，后来考虑到我们这次对话的需要，因此就选了一个和我们这个题目有关的一个题目，这个题目就是"卢浮宫"。我们的中国中央电视台做了一部电影，这个电影有 12 集。如何来做这个 Louvre？我们不想做一个法国人做的 Louvre，而做了一个中国人做的 Louvre。那么就要用中国的关于艺术的标准来对 Louvre 进行评价。因为我知道 Jean Marc Terrasse 先生要来，也知道 Vincent Pomarède 教授也在，因此就选择了这个题目与他们对话。这里还包含了一个延续。最后一次在 Louvre 拍摄的时候，安排了我和 Pomarède 的一次对话。但是我专门从北京到了巴黎，Pomarède 生病了，所以我们就没有对话成功，变成了今天在这儿来对话。

　　在这个卢浮宫电影中主要做的探讨，从理论上来讲，就是对比中

　　* 朱青生，北京大学教授，汉画研究所所长。

国艺术和西方艺术的不同。但是我要告诉大家一个遗憾的现状，因为在中国其实已经不用中国自己的艺术的方法评价和指导，而改用 Louvre 的方法进行创作和教学。比如在 1919 年 5 月 10 日，就有一位中国后来非常著名的艺术家和教育家徐悲鸿，从我现在所在的学校北京大学来到 Louvre，学习了 Louvre 艺术的观念，也就是写实的观念，把它带回到中国，建立和加强了中国的美术学院教育体系，延续至今。典型代表就是中央美术学院，就是刚才徐冰教授现在所在的学校，也是我的母校。然后把中国的原有艺术加以改造，在美术学院里建立了以素描和写生为基础的国画系，将中国以书法为基础的绘画体系变成用中国的材料来画卢浮宫中这种以写实造型为基础的绘画体系。比如说在中国今天如果一个年轻人要想成为艺术学院的学生，他的考试是不考中国艺术传统标准对艺术的要求，而只考西方传统对艺术的要求，那就是写生和色彩。比如 2009 年在北京举行了一个庆祝中华人民共和国 60 周年的展览，在这个展览的正厅，你进去以后会发现它很像卢浮宫中间的一个偏厅。为什么？就是因为多少年来在中国把对艺术的理解已经替换掉了，现在的中国用西方关于艺术的理解，或者说希腊关于艺术的理解，取代了中国的理解。那么中国的理解到哪去了呢？它并不是完全消失了，而是隐藏在一个潜流之下。这样一个情况就使得我们做出了一个决定，做卢浮宫的电影的时候，一定要重新恢复和尝试用中国被西方传统艺术要求替代之前的方法，来对这个卢浮宫进行一次重新的评价。这个问题就变得很复杂，我本来的发言就是想讲这个问题。

但是我昨天听了这个报告以后，发现我们对这个问题要讲起来非常困难，而且也给翻译造成了极大的压力，所以我就把这个稿子的英文稿，交给我们对方的欧洲同事们，让他们去阅读、批评。而我现在要讲的，则是针对昨天和今天大家提出来的问题来发言。当然我还是要涉及艺术是什么这个问题，昨天 Jean Marc Terrasse 教授讲到，在你们的理解中艺术是一个很普通的、很小的事情。今天 Vincent Pomarède 先生也讲到，艺术实际上是一种手工劳动的产品。但是在中国古代，很多这样的产品都不会被当成艺术，而被当成工艺。

中国有个"重要的"艺术遗址敦煌，这是佛教艺术的洞窟壁画。但是敦煌却是 20 世纪"重新发现"的，在中国知识体系和代表国家文化准则的皇家收藏中一直未予重视。为什么这么重要的"艺术"会被忽视呢？就是因为根据中国的标准，这样的作品不是艺术，至少不是艺术的精华，之所以它后来变成艺术，是因为中国接受了西方艺术的标准，所以敦煌壁画就变成了最重要的艺术，这也是我刚才说到的这次文化替代的另一个例证。那么中国的艺术是什么呢？中国历史上在西方古典艺术标准进入中国之前曾经经历过一次艺术大汇集，被乾隆皇帝收藏于宫殿，共得 60 万件作品，他选了三件作为最重要的作品以代表艺术的标准，也许最好的艺术就是被皇帝当成最珍贵的艺术，他在宫殿里边造一个三希堂存放。这三件作品都是书法，内容无关紧要，只是便条，是一个 note，其内容很简单，可以忽略不计，那么作品主要的价值和意义就是在一根线中间"所有的表达"。而这个"所有的表达"却使得千年来人们对它有无限的崇仰，包括皇帝都要对它进行膜拜。乾隆本人在《快雪时晴帖》上就提过 60 次字，就是作了 comments 写在上面 60 次，可见重视的程度！

书法中既没有被画的客观对象，也没有感情直接宣泄表现的部分，更没有形式上的平面设计。这三个在西方艺术中最主要的方面，在书法中都不重要，或者即使有，也不重要。那么中国艺术视为重要的是什么呢？重要的是一个艺术家在书写和创作的过程中，能够把他自己的存在和修养放进去多少，从而使自己从社会的责任和义务的承担和制约中获得心灵的自由。

刚才 Vincent Pomarède 先生曾经说到石涛的"一画论"，"一画论"就是一笔之中所有的东西都可以放进去，放进去的是什么？放进去的是对宇宙和人生的所有理解以及这个艺术家当下的遭遇所产生的感觉，这是不可言说的部分。所以表面上看起来只有一根线，但是他可以有一千种不同的层次。

那么这种艺术标准在中国完成是什么时候呢？是在公元 4 世纪的时候，艺术就成为一个自觉，这个自觉标示着两样主要的内涵，从而构成中国艺术的标准。

一是，这个艺术必须是当时人自己知道自己做的是艺术，但是这个艺术没有实际的用途只是"为艺术而艺术"。这是当时的第一个概念。

二是，这种艺术创作当时就已经有批评、判别的标准，当时的人写一封信给别人，会在底下注上，说"这封信我写的字比较好，请把它保存下来"。（如王献之写给晋简文帝）自己把它写下来，说明他有一个自觉的判断优劣的概念。这个自觉的概念其实不是少数人的概念，而成为广大的概念、普遍的概念。

到了 13 世纪，有一个中国的大艺术家叫赵孟頫画了一幅《枯木秀石图》，这幅画在五个月之前，曾经在布鲁塞尔展出。在这幅画旁边他写了一段话，明确指出所有画出来的东西，都是用书法的线条完成。最后他写道，其实书和画是一样的。这个想法表明至晚到了元代，中国的艺术达到了一种美学上的书法和绘画的统一，从而发展出中国绘画的基本特征，出现了像石涛这样的艺术家。刚才提到在法国的这个展览中，根据石涛的《石涛画语录》，他的著作是一个艺术理论的重要代表作。其实更具有代表性的是比他早一百年左右的董其昌的《画禅室随笔》。当绘画成为像宗教一样，可以让人由此而得到幸福和自由，那么，这种绘画，就不再是一个简单的娱乐游戏活动，而是人们精神提升的不可缺少的活动。因此在中国的艺术范畴之内，艺术是每一个受过教育的人（读书人）都可以直接参与，都可以亲自创作，并且都可以各自运用的精神道路。中国艺术基本的一种美学标准和评价方法建立在这条道路之上。

那么用这种美学标准和评价方法来看卢浮宫，我们能看到什么呢？我们首先看到卢浮宫的艺术和中国艺术有多么的不同，不同的两个艺术获得了文化上的很高成就，但是它们是不同的，说明艺术并不是同一种东西。因此，我们得到的第一点，世界上曾经存在过一种以上的关于艺术的概念和艺术创作的成果。由于对"差异"的证明，我们更有宽泛的意识，以它们自己不同的方法去关注阿拉伯的艺术、非洲艺术和一切历史和现实中存在的文化差异。这些文化中的艺术既跟中国的美学标准和评价方法不同，也和欧洲的美学标准和评价方法不同。因此，我们主要是发现了艺术中的根本性质的不同，这是我们做卢浮宫的第一点收获。

我们有了这样的眼光是不是可以看到一些法国人或者欧洲人、西方人看到的东西之外的东西呢？这是对于艺术学有意义的方面，因此我们就在卢浮宫的作品里来寻找。比如说柯罗的作品在卢浮宫的第68～73厅里边收藏了很多。那么我们会注意到其晚期作品处理植物的触笔，只有几笔带出来的书法的感觉，微妙的技巧变化表示着柯罗晚年对个人的感觉表达，已经超过了对描绘对象的表现。由中国的美学标准和评价方法看起来就特别容易分辨出鲁本斯的画是出于他的本人手笔，还是他的助手画的，其区别就在这个笔法上。而这种对笔法的感觉，如果有了像中国的眼光，也许我们就能判定得更清楚。所以中国对艺术的评价标准，可以扩展艺术学方法，也可以为一个艺术品增加新的意义，这是我要说的第一点。

第二点，艺术上还有一个更为重要的问题，针对卢浮宫来说，为什么今天的西方人，无论是法国人、意大利人、希腊人还是美国人，不再根据卢浮宫中的画法去制作艺术，卢浮宫似乎是一个古代艺术的纪念堂和陵墓，跟当代的艺术没有关系。今天的艺术家在法国，如果一个人也照卢浮宫的方法去画，我们在影片中曾经拍到过这样的人，其中有人还在巴比松，在照着米勒的方法作画，但是作品只能卖给日本的超级市场去作为工艺品销售，而其他的人就在蓬皮杜艺术中心广场上给游客画像，他们再也进不了博物馆了。也就是说，艺术出现过一次重要的革命，这个问题更为深刻。卢浮宫还预示着更为重大的问题。

当我们现在举行对话的时候，中国和欧洲在一起对话，这个对话是可能的吗？我们对话的前提和动机是否真正经过检验？因为西方人对中国的要求和期望，是要找到一个保持传统特色的中国，而西方却自己没有保持他自己传统的特色，而是经过革命变成了一个现代化的西方。所以就这个问题，我们对于一些所谓"中欧对话"，或者"中西文化对比"开始怀疑，这个怀疑就是我们发现其实我们并不是在和西方对话，不是在和欧洲对话，我们是拿传统的或者依旧保持的传统痕迹的中国，去和一个先行现代化从而发达的西方在对话。实际上我们有三样东西混在一起：第一是传统的西方，就是所谓西学；第二是现代化了的西方，就是所谓现代性；第三是正在现代化过程中的中国，传统的西方已经不存在，而现代化了的西方却要和还依旧保持传统的中国进行对话，这样的对话就显得非常困难，也不真实。

如果我们从艺术上来看这个问题，梵高以后，毕加索以后，西方谁也不会再照着卢浮宫的方法继续去作画，那么为什么希望中国要照着传统观念和方法继续去作画呢？而在中国却出现了照着卢浮宫的方法（现实主义观念和写实手法）作的画，追随传统的西方，反而与西方现代艺术隔阂很深，这就成为一个文化不均等问题。中国确实受到西方的，特别是欧洲的具体的影响。我们今天穿的衣服，我们现在学校所用的方法，都是从西方学来的。今天中国学生也大批到西方来留学，延续着学习的状态。但是我们深刻地意识到，当年中国和欧洲曾经有过的战争，1840～1860 年间的两次鸦片战争，在这两场战争中，英军和英法联军只用他的舰队就打开了中国的大门，烧掉中国的皇宫圆明园，凭的是什么？凭的并不是欧洲传统的文化，而是欧洲比中国早两百年开始的现代化。中国在遭遇日本侵略的时候，日本只比中国早几年现代化，后来就成为中国的一个侵略者。

历史告诉我们，其实我们今天主要的对话，不是中西文化的对话，其实是现代化的国家之间把对方想象成为传统文化而在对话。这样的对话，应该事先分清问题在什么地方。卢浮宫就是这样的一个问题焦点，所以我们不能讨论美感问题却去和卢浮宫对话，因为卢浮宫已经没有创造意义上的美感，它是一个博物馆。在这一点上我们只能拿中国的故宫跟卢浮宫去对话。而我们今天要对美感问题进行对话，是在艺术发展以后，我们再来用新的方式在当代的层次上对话。

昨天 Rem Koolhaas 先生问到我，中国要建一个新的美术馆应该怎样设想。13 万平方米的面积，大概是世界上最大的一个美术馆，在奥林匹克中心（鸟巢）的后边。这个美术馆建造的过程中，很多人都参加了竞标，争取来建造。Rem Koolhaas 先生也是一个被邀请的专家，那么今天我们来追问这个问题的时候，我们应该怎么问呢？我告诉他问的是艺术将会是什么？因为当我们今天要造一个艺术馆的时候，我们不是为了今天，而是为了明天，为了 50 年之后，谁能回答50 年以后的艺术是什么？没有人能回答，但是如果谁没有这样的问题，他就没有办法来造一个美术馆，因为在中国造美术馆，虽然是中国的，但是美术馆和我们一样，和我们对话的问题一样，是指向未来的！

建筑师的作品和立场

莱姆·库哈斯*

    欧盟也许面临着身份危机。昨天，我听到了很多人谈论关于欧洲的身份是什么，欧洲的条件是什么。我想，相反，中国应该处于一种完全不同的情况：中国正在非常自信地塑造它的身份。我想，这两个方面解释了很多关于我们已经发起的谈话，以及我接下来要展示的作品和立场。

    今天，成为一名建筑师就意味着将深刻地意识到这个世界的各种不同条件，不仅包括政治制度还包括经济的各种因素，这将影响建筑得以存在的各种参数。同时，如果您和我们一样，不仅在欧洲工作还在美洲，在非洲，以及在阿拉伯世界工作，在亚洲不同国家工作，整个多元现代性概念则成为一种日常体验，这种体验需要具备世界复杂性的外交意识并具备哪些创造性在不同世界背景下与这些事实有关的艺术意识。

---

    * 莱姆·库哈斯（Rem Koolhaas），荷兰建筑师，建筑理论家，美国哈佛大学设计学院"建筑实践与城市设计"教授。

作为建筑师须面对的几乎属于政治方面的考虑，我相信，当"9·11事件"发生的时候，很可能伴随一种很有趣的现象。好像是全球化的破碎，在欧洲和亚洲之间以及欧亚大陆板块和北美之间出现了断裂。我认为，我们可能会经历一个后大西洋时刻，其中世界像过去一样（一个希腊人曾经表达的世界），可能会再次成为一个真实的境况，这是一个很有趣的预见。在这一构造中，几个合作伙伴（欧洲、俄罗斯、中国、印度、阿拉伯世界）被谴责为明哲保身，但是这几方也可以激发新的讨论、新的交流和对话形式以及一起重新解决和重新定义几个概念，例如人权、腐败和言论自由。这些概念曾经被用来作为有力的武器互相攻击，但是我们认为如果可以开始探讨关于这些语句的特别意义将是很有意思的。以腐败为例，我们一直在谈论关于中国的腐败，我们从来没有讨论过关于欧洲的腐败。在我的经验中，双方的腐败现象都很突出，腐败势力也很强大。

我想，在这样一种环境中我们可以为中央电视台做一个项目。有人请求我们参加纽约世贸大厦重建的竞标，但是我们更愿意在中国工作，因为我们相信，基于我们曾经在中国的经验，中国就是未来。因此，我们为中国中央电视台设计了新的总部大厦。"中国"、"中央"、"电视台"各自都有一个很长、很厚重的历史。这座建筑和其他建筑一样当然由物理结构表现。并且，虽然它也代表了很多东西，但是如果我们观看并讨论它周围拔地而起的各式联合体，首先吸引我们的大多数是这些其他方面。到目前为止，一切都好；我们赢得了竞争，我们签署了合同。当然，这是建筑的形式部分，官方部分是仪式。所有这些的后面是体力劳动，一种从一开始就由中国人完成的劳动。在此我正在设计一个中国的胡同模型。如果您看一下建筑团队的构成，例如这个，看一下正在从事这一项目的中国人比例及其担任的重要角色，您就会清楚，这不是一个欧洲项目，而是两个文化共同创造的混合体。

为什么我们要在中国引入这样一个大胆的建筑呢？这座建筑会产生哪些争议呢？我确实认为，这主要是因为这座建筑在结构上很大胆。这是工程师画的一张图表，说明如何强调建筑物的不同成分。然而，工程师的图表最终被转化成了建筑物的形状，通过建筑物的外貌表现出来。在结构上须承受很大压力的部位有一个聚拢、紧密的外观模式，在不要求承受重压的部位则属于开放式的。因此，在一个国家，结构被认为是从上至下有效抒发的物体，我们尝试在结构、工程和外貌之间引入一种创造性思辨的过程。

本项目是一项与中国人交流和谈判的重要工作。我们引进了"变化"的成分，达到了法则容忍的极限，在一些非常有抵触的领域引入了新思想。事实上，结构非常复杂，只能在一天之中的特定时刻才能将结构搭建起来。例如在清晨，当阳光还没有开始使结构和钢架膨胀的时候。据我所知，这是世界上第一个在时间上起到重要作用的结构。

现在，这一建筑部分已经竣工了。这是该建筑标志性的元素，但是整体建筑当然会更加复杂。它涉及高难度的内部组织，其中包括第一层的所有电视节目制作室、播放和写字楼以及管理层区域。换句话说，组织是环形的。我们认为，通过这种方式人们可以感觉到一种媒体不分层级的组织，因为媒体自动地、内在地抵制分层结构，由于这一原因，我们感觉环形是一个适当的隐喻。不但如此，我还认为这在中国是一种新生事物，它是一个环，中国的公众将第一次被要求进入中央电视台内部，从各个方面体验从前遥不可及、高不可攀的电视制作。

实现媒体环境现代化，是我们的一个预期，同时也是我们的强烈愿望。这可能有点过于狂想，一名建筑师希望参与严格说来不在他的领域范围之内的宏伟计划，这看起来有些狂妄自大，但是我们感觉到如果一个组织愿意通过这样一个建筑改变其身份，则这一组织就已经具备了实现更大变化的雄心壮志。并且，如果您看到了中国媒体当前的总体演化，而在中央电视台好像是最保守的一部分，那么您就会理解演化实际上现在正在开始。

最后，我们已经创造的这个形式有一个很重要的方面，即它的内部是不稳定的。虽然这一建筑有一个"官方"的外观，但是如果您在城市中到处走走，这一建筑将永远不会保持不变。它有很多不同的方面，并且因此作为一种特性，它的内部是不可预期、不稳定的。它有时候仪表堂堂，有时候高大威猛，有时候弱不禁风，有时候形貌诡异。我认为，形状的不稳定性有助于它在几乎各种条件下与北京的不同部分建立一种关系。对于我来说，看到它仍然貌似合理的关系，我感到特别的有乐趣。

我认为，多元现代性有一个常见的实例，即世界以不同的方式看待我们的工作、我们的作用和我们的责任。在美国基本上没有什么反应。在欧洲，我们参与这项工程招致了非常猛烈的抨击。我的朋友岚·布鲁玛曾经写了一篇文章，说中央电视台是党的喉舌，国家宣传的中心，一个教导十几亿人如何思考的机关。基本上，他认为按照我们的设想，修建一座酒店、医院、大学或者甚至企业总部都是没有问题的，但是我们应该尽量避免参与新闻宣传。我曾经与他争辩过，并且其他人也认为，能够介入一个系统最具有挑战性的部分，将比只是参与酒店或者文化更令人着迷。以下是来自欧洲新闻媒体的一个代表性段落："魔鬼建筑，圣彼得堡、北京、迪拜：国际建筑之星为暴君和独裁者服务。"您笑了，但我想情况当然非常不同。尽管如此，这是欧洲的共同反应。

在中国，人们为这一建筑起了一个绰号：裤衩，对此实际上我至今也难以理解。我个人看不出这两者有什么联系，无论在哪一方面都没有联系。但这个绰号确实被传开了。

然而，一年半之前发生了一场事故，项目的另一个成分以及一个邻近的酒店意外起火，这场事故彻底改变了建筑的最终结论、建筑的整体影响、建筑的全部现实（您可以认为具有削弱作用或者强化作用）。我认为这件事情本身是一个很离奇的情况，无论是我们还是中国人都未能预测到。尽管由于一名中国人在欢度春节时的行为引发了这场意外，但是这次事故纯属意外，一次不可抗力事件。这是我们第一次出现在世界各大报纸的头版。这应该说是一次非常不愉快的事件。然而，让我感觉欣慰的是，这场大火同时也削弱了人们认为这一建筑应为宣传工具的概念。大火之后，这座建筑将成为中国文化中更加真实的一部分，而不只是作为宣传工具。国家电视台第一次向人们道歉，随后这一事件几乎点燃了另一场大火，一些高级工程师发起一轮新的抵制，他们非常愤怒地认为这座建筑从一开始就不应该存在。然后他们又发起抗议，认为我们对于这项工程一直没有尽心尽责，并且我们的宏伟理想只是为了向中国人竖起中指。对此我怎么也搞不懂，我们的建筑如何被比喻成女性的那个器官。然而，如同上述我们提到的一样，无论从哪里都找不出任何联系。我认为，一座建筑的成就是在历史进程中和多层的结构中，反映我们的意图和中国人意图。此次不可抗力事件从某种方式上动摇了每一个人的意图，现在我们意识到这是两种文化之间的一种协作。现在我们中每一个人必须消化这项工程可能具有的意义，当然无论是中国人还是我们建筑师都无法控制这一意义。

西柏坡与后现代

崔之元[*]

我们这个会议叫"中欧文化高端论坛",我觉得这个名称到目前为止是名副其实的,我从各位的发言当中学到了很多东西,但是我现在这个发言就不是高端了,是中端或低端。因为我的发言相当于一个大学本科生的读书笔记,仅仅反映我的一些困惑。比如我们今天下午的主题是"多元现代性",但是我对什么是"现代性"却还有很多疑问。

昨天吃饭的时候我向艾柯教授请教他 1950 年代的名作《开放的作品》,它的最后一章题为"乔伊斯的中世纪",这令我产生一个困惑,因为乔伊斯被认为是现代主义的一个最重要的代表。可是,艾柯强调乔伊斯最核心的关怀是中世纪的,特别说到阿奎那对乔伊斯毕生的巨大影响。如果我们把现代性理解为和过去的一个断裂、一个创新的话,怎么理解艾柯教授的"乔伊斯的中世纪"这个命题?

我前天来布鲁塞尔之前,在巴黎政治学院拜访法国的一位著名学

---

* 崔之元,政治学家,清华大学公共管理学院教授。

者拉托尔（Bruno Latour），他几年前写了一本书，书名是《我们从来没有现代过》。这是不是仅仅名词之争呢？我认为不是。对于一个名词有不同的用法，但它很可能反映背后实质性的关怀的不同。同样的道理，对我们讨论中频频出现的一个词，叫"后现代"，我也有很多困惑。

英国的著名历史学家汤因比从1934年开始写作八卷本的《历史研究》。在1954年出版的第八卷里，他说"后现代"作为一个时代，起始于1871年的普法战争。他的理由是什么呢？他认为，当西方国家产生了一个在数量上足够大也足够有能力的资产阶级的时候，西方就变成"现代"了。但他进一步指出，普法战争，以后到第一次世界大战、第二次世界大战，说明西方文明已经没有在数量上，也更没有在能力上产生一个足够的资产阶级，因此西方就进入"后现代"了。汤因比强调，"后现代"的两个标志是：（1）西方工人阶级登上历史舞台；（2）非西方知识分子开始了解西方现代性的秘密并"以夷制夷"。汤因比虽然没有明确提到李鸿章，但李鸿章的"洋务运动"是他受"普法战争"的启示，从德国引入克虏伯大炮装备他的淮军开始的。更不用说，"普法战争"直接导致了"巴黎公社"，最终形成了中国共产党这一把中国带入"解放全人类"的"普遍历史"的组织。

汤因比的"后现代"定义非常有趣，是历史学上第一个"后现代"定义。英语文学中的"后现代"定义，则最早出现在美国著名诗人查尔斯·奥尔森的作品中。查尔斯·奥尔森可能也受到汤因比的影响。他是怎么用的"后现代"呢？出乎许多人意料的是，查尔斯·奥尔森1949年在第一时间听说了中共中央在西柏坡召开了重要会议，然后就进军北京，他说这就是"后现代"的开始。查尔斯·奥尔森为何如此快地知道了西柏坡会议，并在解放军渡过长江攻克南京前夕完成了他自称的"反荒原"的"后现代——中国革命"诗歌《翠鸟》? 原来他是从抗战时期在昆明的英国作家派恩（Robert Panye）那里得知的。查尔斯·奥尔森认为，西柏坡会议和中国人民解放军进军北京标志着"后现代"的开始——这会令很多人莫名其妙，但如果了解前面提到的汤因比对"后现代"的定义及他所说的"后现代"的两个标志，查尔斯·奥尔森的"西柏坡后现代论"就不难理解了。如果我们了解查尔斯·奥尔森的生平，知道他是罗斯福新政的积极参与者和罗斯福第四次竞选总统的外事负责人，也是波兰驻联合国大使兰格（"市场社会主义"理论的最早提出者）的密友，就更容易理解他用诗歌形式表达西柏坡的世界历史意义的衷曲了。

查尔斯·奥尔森的《翠鸟》以吴哥窟翠鸟传说和古希腊历史学家普鲁塔克的石头之谜开始，穿插毛泽东的讲话"曙光就在前头，我们应当努力"：

> 我考虑着石头上的 E 字，考虑着毛泽东说的话，
> 曙光
> 　　"可是翠鸟
> 就在"
> 　　可是翠鸟向西飞去
> 我们前头！
> 　　他胸前的颜色
> 　　得自落日的余温！

《翠鸟》几行后接下来是：

> 传奇就是传奇。死了，挂在房间里，翠鸟
> 并不意味一帆风顺，

也不会阻止雷电霹雳。也不会因为

和新年同栖七天而使这片水域变得宁静。

不错，它是和新年同栖在一起，但不是在水上。

……

在这些被抛弃的碎骨上

（它们逐渐积累，形成一个杯状的结构）雏鸟出

生了。

当它们渐渐长大，这只尽是粪便和腐鱼的巢开

始

变潮，散发着臭气

毛泽东总结说：

我们必须

起来

必须行动！

诗中接下来强调"光明在东方"：

光芒在东方闪现。是的。我们必须起来，必须

行动。然而

在西边，尽管黑暗（掩盖一切的白色），

但假如你张眼看，假如你能忍，假如你能长久

地

长到足以让我的引导

看透最后凋零的玫瑰的枯萎

说到这里，我希望大家能够同意查尔斯·奥尔森 1949 年的"西

柏坡后现代"论不是一种文字游戏，而是和他的实质关怀密切联系的。对奥尔森来说，"后现代"意味着"后西方"，他在和另一诗人罗伯特·科里的通信中，明确地用了"后现代或后西方"的表述。中国人民解放军进军北京，建立新中国，是 20 世纪"非西方世界"对"多元现代性"的最重要探索，奥尔森说"西柏坡"是"后现代"的起源顺理成章。

大家可能觉得我把"后现代"和"多元现代"混同使用了。也许如此。这正是我要向大家求教的问题之一。我隐约感觉到，"现代"、"后现代"和"多元现代性"之争，是和一个更深层的哲学问题联系在一起的，这个哲学问题就是"普遍"、"特殊"和"无限"的关系。我认为对这个哲学问题的最好研究仍然是黑格尔。他说，普遍必须寓于特殊之中，但任何"特殊"都无法穷尽"普遍"的"无限丰富的可能内涵"。例如，"民主"这个普遍性的理念必须寓于"美国的民主"或"中国的民主"的特殊之中，但任何"特殊"的民主都不能穷尽"民主"这一普遍理念的"无限丰富的可能内涵"。我觉得 1948 年联合国《世界人权宣言》的起草过程非常有说服力地展示了"普遍"与"特殊"的关系。

联合国人权宣言的文本是如何起草的呢？罗斯福总统的夫人艾琳诺·罗斯福是起草委员会的主席，该委员会唯一的副主席是一个中国人叫张彭春。这个信息是我从格林顿的书中学到的。格林顿是哈佛大学法学院的教授，2007～2009 年担任美国驻梵蒂冈大使，她同时也是世界范围反对使用避孕套运动的领袖，现兼任"梵蒂冈社会科学院"院长。我原来完全不知道张彭春这个人，通过格林顿教授的书才了解到张彭春原来是我现在任教的清华大学第一任教务长。

大家可能听说过，在八国联军侵略中国后有清政府的庚子赔款，美国返还庚子赔款的一部分用于建立清华大学，作为留美预备学校，相当于一个中学。但是在 1921 年的时候，当时中国政府把这个中学提升为大学，第一任教务长就是张彭春。他那时候刚刚从哥伦比亚大学获得教育学博士学位回国，师从著名的美国哲学家杜威。他的哥哥是中国著名的教育家、南开大学校长张伯苓。张伯苓在中国的知名度比他弟弟高很多。我两年前通过格林顿教授的英文书知道张彭春后，又去查了一些资料，了解到他与中国现代一个著名的诗歌学派——新月派关系密切。他也是中国京剧大师梅兰芳的艺术和政治顾问，梅兰芳 1940 年代访问美国，当时是非常轰动的文化事件，就是张彭春安排并陪他一起去的。联合国第一次旧金山会议的时候，张彭春是中国国民政府的代表团团长，后来被罗斯福夫人推荐为唯一的"世界人权宣言起草委员会"的副主席，罗斯福夫人本人是主席。

最有意思的是张彭春在人权宣言起草中的贡献。张彭春认为，初稿中的"人被赋予理性"的表述，太受西方的"上帝"和"自然法"观念的影响，他建议加上"仁"，因为"仁"字里有"二"，反映一种"Two Man Mindedness"（对他人的关心），联合国《世界人权宣言》的最终文本部分采纳了张彭春的观点，把"理性和良心"（"reason"和"conscience"）并列为人的基本特征。我觉得这个故事非常精彩，生动地说明了特殊性、普遍性和无限性的关系。还值得一提的是，《世界人权宣言》起草中除张彭春之外的另一个精神领袖，是黎巴嫩哲学家马利克，他曾先后求学于怀特海和海德格尔，博士论文题目是《怀特海和海德格尔时间观的比较研究》，他也是阿拉伯世界在联合国反对以色列建国的主将。

昨天温家宝总理来到我们的会上，重申中国一直希望欧盟承认中国的市场经济地位。这也涉及特殊性、普遍性和无限性的关系。市场经济的普遍理念寓于各种特殊的市场经济实践中，但任何一种"特殊"的市场经济体制不可能穷尽人类的不断试验和无限创新的可能性。中国的"社会主义市场经济"、德国的"社会市场经济"、英美的"资本主义市场经济"等，都属于"市场经济"普遍理念的特殊表现。

　　亲历过两次世界大战的法国思想家阿隆曾写过《普遍历史的黎明》一文。在 21 世纪开端，我们可能正经历"普遍历史从黎明走向中午"。但如果我今天讲的"西柏坡后现代"和联合国人权宣言起草的故事有所启发的话，"普遍历史"不仅不排斥多样性，而且需要多样性来丰富自身无限的创造力。这也是我所理解的"中欧文化高端论坛"的意义。

欧洲：陷入危机的模式？

阿尔瓦罗·希尔－罗布勒斯[*]

一

当六十年前第二次世界大战结束时，我们今天认识的欧洲还只不过是若干受到战争严重摧残的国家以及生活在对因仇恨、相互不理解以及想取得单边控制权力的欲望而再次兵戎相见的恐惧中的受蹂躏人民的集合。

今天，这些对在欧洲发生大规模武装对抗的恐惧已经变成不堪回首的记忆。今天，多亏共同经济发展和一个逐渐形成的有制度、政治化的政府，由欧盟国家组成的欧洲是一个有着固有的身份、集合了各成员国文化和归属感多样的稳定的实体。

记得罗伯特·舒曼曾在欧洲重建初期预言："欧洲将在多种特质和多种愿望并存下重建。基本观念的统一会与传统及信仰的多元性相一致，与个人责任相一致。"

---

* 阿尔瓦罗·希尔－罗布勒斯（Alvaro Gil-Robles），西班牙法理学家和人权活动家。

无论如何，从欧洲煤钢共同体，然后是"共同市场"开始，这个共同方案一直有两个方面：经济和政治。缔造者们从一开始即清楚地意识到，即使在初期将创造财富和经济发展作为优先，也并不足够避免某个国家获得主导和支配权的企图。

欧洲应该同时建立在政治及制度层面，以便产生一个基于将民主定义并描绘成政府共同形式的原则和价值的共同治理的方案。

二

这就是由此开始，我们可以视基于这个原则、价值和人的基本权利集合的政治、社会组织的欧洲模式的东西已经具体化的原因。

这就是为什么我们自觉地接受一种和平的、非暴力的，与尊重生命及拒绝死刑相协调一致的文化的原因。

我们认为，所有的权力都应受到限制，并在代议制民主的范畴内服从于以透明和负责任的方式行使的法治国家的规则，并切实地尊重人权。

我们确定安全和自由是我们政治和社会模式的重要特点和要素。两者之间不是对立而是完全互补的。任何一个都不应优先于另一个。人的基本自由在任何情况下都不应以安全为借口受到削弱或剥夺。

团结一致是追寻社会公正和人民间理解的民主体系的价值和象征。

平等和非歧视曾是民主运动史中经常性斗争的核心，现在，它们正成为建立一个更公正社会的关键。

我们谴责并追究所有允许以可耻的或非人道方式对待任何人的做法，不管他的身份和地位如何，我们拒绝将酷刑拷打——世界上所有独裁的象征，作为一种刑罚。

不必一一赘述所有众所周知的要素，总而言之，民主以其另一个基本价值为特征——尊重不同意见，允许不被用作损害他人自由的工具时的言论集会自由。

承认合法的宗教信仰的多样性和自由性，并不意味着对那些把排斥其他人的思想以及把暴力当做将其观点强加于人的方法的宗教教义的迁就，也是鉴别所有民主的一种价值观。

最后，我们可以说所有的这些原则和价值形成了我们称为欧洲民主体系的重要内容，这个体系可以让人类生活在自由和具有责任的社会中，而且，我们已经将此体系逐步转变为法律标准及社会生活法则。

尊重这些价值的不断实践可以将我们的"旧"大陆打造为一种真正的民主文化，这种文化植根于关于世界大战及来自各方面极权政体的恐怖的"绝不再重演"中。

我们可以说这构成了战后新欧洲的世界观吗？也许可以。

三

然而，今天我们应提出关键问题。这个政治方案的基础，尊重人权，民主价值以及法治国家的规则，它们是否一直是欧洲模式无可争议的支柱？还是相反，我们没有看到在共同结构中的缺陷吗？

我们应该从对我们曾经面对及正在面对的危机的了解和承认开始，从正确地评价产生于欧洲社会内部并对欧洲的基本民主价值提出可能质疑的令人担忧的迹象开始来寻找这个问题的答案。

当然，在将宗教或严格的个人特色的等级价值和信仰世界从我的想法中排除出去的同时，我唯独参考这些我们可以视作集体的，视作围绕它们形成并注重法治国家的社会模式的基础。

四

当我参考这些集体价值的危机时，我这样做是因为很明显在人类享受更大更完备的法律、国际、国家以及承认保护人权的环境（框架）的今天，我们同时通过事实，过度频繁地目睹了这些权利在大多数公民值得注意的冷漠面前被忽视及被嘲弄的现实。

我不认为这是危言耸听或言过其实，因为显然应该引起我们反思的、令人担心的迹象已出现多年。

1. 世界上某些地区的许多武装冲突还在持续。这些冲突和随之而来的贫困导致了人口通常以一种非正常的方式向被认为更加富裕和安全的国家迁移。这些迁移现象在欧盟内外都存在。

这是无可争议的事实，在一些至今作为社会典范和民主价值旗帜的国家中，带有痛斥外国人，特别是那些属于最贫穷的少数族群的外国人为中心的种族主义信息的明确排外的运动和政党已经出现。这些极右的反民主运动甚至已经蔓延到了欧洲议会本身。

这些运动通常与老式的民族主义如影随形。

2. 针对合法或非法移民现象的仇恨及种族主义运动的再度出现，说明我们的民主基础和我们的社会融洽被置于危险之中。

过去一段时间，更准确地说是过去几周，我们已经可以观察到具有稳固的民主传统的欧洲国家如何启动了将罗马尼亚和保加利亚的吉普赛人大规模驱逐出境的过程，无视他们是享有自由迁移权利的欧洲公民。但最令人担忧的是我们进行驱逐的方式以及导致驱逐的、打着最原始民粹主义烙印的深层次原因。

作为对这样一项措施的辩护，出现了一种对犯有轻罪的吉普赛人的通用身份验证，根据安全原则，这些轻罪必须进行必要的抑制。如果这类罪行发生了，就应该根据法律连同法治国家保证进行起诉和惩治，但不应由此对不正常宿营的吉普赛人的整体作"有罪推定"，并骤然数以千计地驱逐大人和孩子。

在这种情况下，法国当局可能又一次在无意间谴责了吉普赛人。

哪里还有团结、平等、公正以及其他的价值？

3. 另一方面，打击国际恐怖主义向我们显示了我们如何能在巩固法治国家，以及保证尊重自由，人的尊严和民主的核心价值的道路上倒退。

相反地（作为抵偿），有人曾为不受制裁地实施酷刑拷打、审讯和羁押的秘密营地的存在辩护。一些有着长期的无可争议的民主轨迹的国家也以安全原则优先为借口为此类罪恶的做法进行辩护。

4. 人与人之间，各国人民之间的团结一致在今天还是我们社会的一个特征。抑或相反，难道我们要加入在个人及人与人之间、穷国与富国之间的不惜一切代价取得经济成功为优先的原则的扩张中去？

5. 我们今天看到腐败如何渗透到社会的各个重要的领域，这个社会的一些高官甚至在以违法的方式在发财的机会面前丧失了理智，并受到一些能迅速致富且对我们遭遇的严重社会不公及捍卫共同利益必要性满不在乎的一部分人的漠不关心的鼓舞。社会的共同财富被置于个人财产之后。

6. 视听媒体上传播的是民主文化的价值还是被纯粹商业化的等级价值所支配？

7. 为什么数以千计的妇女由于害怕揭露那些虐待她们的人而不得不默默承受家庭暴力的现象再次出现？面对组织完备且与当局狼狈为奸的黑社会所经营的贩卖妇女强制其卖淫活动，我们为什么保持着应受谴责的沉默？

为什么国际社会不更加有效地打击这种由盈利的形式引导的、由肆无忌惮的黑社会组织的非法移民代表的人口贩卖？

五

简而言之：我们是否具备真正的植根我们构成使民主国家能够抵抗其经受应该克服的考验及其将坚实基础社会中的民主文化？

说实话，我对此表示怀疑。当我们面临与我们接壤的专制系统存在、共产主义的威胁或法西斯主义的现实性时，对民主及其价值观的信仰就是我们身份特征，是维系作为纳粹灾难和战争的受害者的我们父辈令我们难以遗忘的信仰和价值观所建成的大厦得以不倒的纽带。

但一旦这些危险消失，一种无可争议的且几乎唯一的优先之事便出现了，经济增长及实现市场竞争的目标便成无可置疑且几乎是唯一的优先选择。我们认为通过学校和家庭教育年轻人中坚持一件尽人皆知的事实，某些像是我们社会的一种无须争辩也无可争论的好处以及构成其特点的，实际上需要日日加以捍卫的辩护民主和价值观不再重要。

巩固基于统一的欧洲共同及正当的价值基础上的我们共同的生活的"欧洲模式"必须代代传承，就像罗伯特·舒曼所说："这些观念必须在学校和媒体中加以普及，它们不意味着任何一个政党的垄断。"

巧合的是，民主在今天比任何时候都受到来自各种极端、专制、狭隘的运动的更大威胁。新的一代没有受过公民的及关于对能够理解、感受并捍卫他们可以真正自由生活的唯一体系至关重要的价值观的教育。

面对边缘地区的冲突，面对贫穷及社会边缘化的增长，同时巨额财富可耻的增长，极权主义的蔓延，经年轻人重要群体的褊狭宗教的大行其道，我们应该扪心自问并立刻找寻答案。

六

我想提醒大家，一部分答案在于填补存在于社会在我们参考的价值观的知识与实践方面中的漏洞的必要性来结束我的演讲。应该在我们的社会中恢复这些价值，为此，应该从对其加以辨别并确认具体的缺陷，分析其原因并为克服它们而努力。

这是一种必须向我们所有人发出呼喊的需要，是今天已成为我们所知道的民主政府与社会的"欧洲模式"的阿喀琉斯之踵的需要。

无论如何，幸运地看到这种再生的决定性因素，我们还能观察到我们的系统的缺陷，共同结构的缺口发生在何时何地，以使民主的敌人不会从那里乘虚而入并引发我们在历史上的倒退。

信任、文化价值和经济危机：
来自欧洲和中国的教训

皮奥特·斯通姆帕*

> 亚洲雄厚的社会资本和高度信任的起源是什么？历史、宗教抑或是民间？同时怎样解释二者在全球化世界中的存留呢？
>
> 中国在世界经济中的意义日益凸显是向世界其他国家传播信任文化的一次机遇吗？或者可以说中国与全球文化背景整合可以导致削弱地方信任以及不信任和愤世嫉俗文化的出现吗？

近几年，全球金融危机成为人们最迫切关注的问题之一。通常这只是经济学家讨论和研究的领域。然而，作为全人类的问题，这场危机有其深层次的文化根源。同时为了战胜这一危机，理解危及内在的文化因素是至关重要的。通过社会学学科探索全球市场运作的广泛社会环境，将有助于我们理解和处理危机。需要考虑的一个中心文化因素是信任。启蒙主义哲学家和政治经济学家已经注意到它的意义，并强调"签署合约的合同前期条件"（例如亚当·斯密）。同时，当前

---

* 皮奥特·斯通姆帕（Piotr Sztompka），社会学家，波兰雅盖隆大学教授。

一些评论员也同样关注信任："危机主要是由于信任崩溃造成的"[本杰明·巴贝尔（Benjamin Barbe）]。

尽管全世界范围内的经济形势和制度具有令人吃惊的趋同性，但我们注意到，经济危机产生的结果和反应有着极大的差异。作者认为，欧洲经历了严重的后果，而与之相比，中国经受的危机冲击则相对较小，这一事实至少可以部分上通过较小的文化变量来解释：社会资本和信任层面的不同。

集体主义、群体团结、社会约束、互惠互利、尊重等级划分、家庭中心和强调教育的优点通常被称为"亚洲价值观"，而在欧洲人们传统上更强调个人主义、自我主义、竞争、成功以及在亲密领域中的合约性的"纯关系"（安东尼·吉登斯），经常称为"新教徒道德观"，这在欧洲非常典型，两者比较，"亚洲价值观"对于经济造成的不适更具有免疫效果。

关于这一效果的说明可见于上述价值和信任文化之间的联系，或者其反面，不信任文化和愤世嫉俗。作者使用了自己的信任理论（Sztompka，2000）来论证这一联系。因此，高度信任的社会（弗朗西斯·福山）对于全球经济动荡就表现得比低信任社会更具有抵抗力。通过比较欧洲和中国得出的经验教训表明，文化事务在一些表面看起来是最"坚固"的经济领域以及民众生活福利供给方面表现出何种重要性。

经济的确凿事实

有一些确凿的经济事实，证明全球经济危机在欧洲产生的影响比在中国产生的影响更加深刻。2008 年危机达到顶峰，由于出口下降，中国国民生产总值增长率据估计仅下滑了 5%（Yu Yongding，2010）。甚至在推出了 4 万亿元（5860 亿美元）的巨额财政刺激后，中国的债务也仅占到国民生产总值的 20%，与任何欧洲国家相比都明显偏低。早在 2010 年初，《伦敦时报》的文章标题就宣布："中国的国民生产总值在轻松甩掉了危机之后开始激增。"（2010 年 1 月 22 日）一位亚洲工商记者里奥·刘易斯曾经告诉我们："中国在本年度（即2009 年）的最后一个季度推动经济快速复苏的步伐，超过了计划增长目标，同时开始赶超美国之后世界第二大经济体的进程（同上）。"

让我们来分析一些数据。2009 年，与 2008 年危机顶峰时期相比，零售支出上升了 15%，房地产投资下降了 14.7%，汽车销售攀升 48%，出口下滑 17.7%。同一时期，国民生产总值反弹到 8.7% 的高点，恢复了 2010 年两位数增长。① 很显然由于某种原因，和世界其他国家相比，中国对于经济动荡表现得更具有适应能力。

解释性策略

产生的相关问题是：为什么会出现这种情况？为了解释这个问题，我们正常倾向于参照一些"硬因素"：经济、政治，或经常聚焦于制度性和组织性层面。这很正常，一些因素具有至关重要的作用。但是，我不得不承认，中国和欧洲之间至少有一部分后危机条件是属于"软因素"（有时候称之为"软变量"）。隐喻上讲，我们不仅需要考虑血肉，还要考虑由两个层面表达和表现出来的社会精神：文化和心理。

文化处于集体层面，即法国社会学之父艾米丽·杜克海姆赋予它的意义：它是"独特的社会事实"［Durkheim，1964（1895）］。它包括人们广泛接受的理念、价值观和规范性规则。由于它具有共享和普遍的特性，它好像是属于每一个人的，并向他/她的思想和行为施加

---

① Data from Overholt 2010：29，The Times，op. cit.，and Yu Yongding，op. cit.

压力。他们的主体间性产生了一种客观性的幻觉。另外，心态指个人层面：心态是民众头脑中文化，内化的信仰、个人价值观和习以为常的生活方式的反映。

集体和个人两个层面之间有一种相互的因果性，或者"辩证"关系：人们的个人所思、所做的行为经由"含义加工"，通过谈话、经验和观点分享、公开辩论、媒体和最终艺术表现，转变成文化信念、价值观和规则。同时，一旦被"含义加工"和共享主体间性处理，他们就成为了本客观性和公共观念的外在特性，对于行为框架具有约束力，限制或鼓励人们的独特思想和行为。

它的成分包括信仰和思想、价值和规则嵌入文化，可以获得其自己的动态性。他们在集体层面上通过"集体记忆"一代一代传承不息，以及在个人层面上通过社会性过程和教育不断传播。他们的生命周期可能会令人吃惊地漫长，甚至绵延数千年而不绝。

经济文化问题

拉伦斯·哈里森和萨缪尔·亨廷顿将自己的文集定名为《文化事务》。同时文集的副标题被命名为："价值观如何塑造人类的进步"（Harrison and Huntington，2000）。毫无疑问，文化事务遍布我们生命的所有领域。而对经济有何重要意义呢？

包括文化和心态在内的"软变量"对于经济发展是至关重要的，从德国社会学巨擘马克斯·韦伯到美国社会评论家弗朗西斯·福山开始有众多作者承认这一事实。相对而言，两者都涉及西方和东方社会之间的经济差别，同时两者已经将其差别的一部分归结于文化和心态的特殊性。

最近，一些觉悟的和开明的政治家已经强调了这一点。2010 年 9 月，中国总理温家宝在纽约联合国总部的讲话中没有谈到经济增长、消除贫困、GDP 水平等一些明显的、可以夸口的成就，而是讨论了如他所说中国"灿烂"的 5000 年文化和文明，教育和科学在发展这一遗产中的重要性以及在建构"和谐社会"中的作用，因为他相信中国人有能力对此作出更大的贡献（据 CNN 实况报道）。法里德·扎卡里亚评论道："这意味着，政府官员明确规定的中国下一阶段经济发展要求在人力资本上加大投入，如同过去投入公路建设时所作的决定。自从 1998 年以来，北京经历了大规模的教育扩张，投入教育的 GDP 份额几乎增长了二倍。1998 年以来的十年中，中国的大学数量翻了一番，大学生的数量增长了三倍"（《时代周刊》2010 年 10 月 18 日，第 28 页）。在同一问题上，温总理表示："是人民以及人民的力量决定了国家的前途和历史"（《时代周刊》2010 年 10 月 18 日，第 29 页）。

信任问题

我希望专注于一种文化的成分，一种文化价值和个人的品格，这些对经济条件是至关重要的：信任和自信。同样对其重要性的承认也非常久远：从苏格兰启蒙主义哲学家论述"合同的合约前条件"到当代政治理论家罗伯特·普特南的理念，即"社会资本"包括信任、规则和网络（Putnam，1993），将其视为经济发展的中心因素。

同样，非常令人吃惊的是，1 月 22 日，《泰晤士报》引用了中国总理关于全球经济危机的评论："信心比黄金还要珍贵。"同时，在接受《泰晤士报》采访时，温总理透露了最喜欢的一本书是《道德情操论》，他旅行的时候经常带在身边，这本书的作者是亚当·斯密，他是一位 18 世纪的主要理论家，主张"软变量"，其中包括信任（《时代周刊》2010 年 10 月 18 日，第 29 页）。

让我们回顾一下信任在欧洲和中国经历的截然相反的命运。法国政治科学家马修斯·多甘已经从 30 个欧洲国家搜集了实证性证据，证明信任逐渐发展的削弱和衰退，尤其是对于政治和政治家的信任而言："调查计划在所有欧洲国家开展，调查结果显示一大部分公民（在某些情况下绝大多数）对于政权的主要制度和组织：党派、政府、议会、高层管理、法院、军队、警察、工会、大企业、教会、电视和平面大众媒体'没有'或者'很少有'信心。"（Dogan，2005：12）。同时，罗伯特·普特南也对于美国也得出了同样的分析结果（Putnam，2000）。

而令人吃惊的是，在中国得出的数据却恰恰相反。正如中国社会学家王正绪在 2005 年所说："实际上，在中国的政治信任度非常高。在考察的 27 个国家中，中国公众表现出了一种最高程度的信任。该调查是由独立和外部机构开展的，最后证实了这一判断。让我们看一些数据：如果我们考虑一下针对国家及其制度的所谓'垂直信任'，64%的公民表示信任政权（"一国两制"），48%~52%表示信任政府，中国对于未来的信任达到了 86%。"（来源：Zhengxu Wang，2005；2010 年 3月 18 日香港大学网站的新闻发布）。后者统计数据表明，两种其他价值观支持对于综合征价值观的信任：乐观和骄傲。如威廉·奥弗霍尔特评论说："中国高层首脑享有的公众支持率对于西方国家高层首脑来说是可望而不可即的"（William Overholt，2010：26）。现在，如果我们看一下"平行信任"，即对其他人的信任，中国的统计数据一样很高。罗纳德·英格哈特发起了第四届价值观调查，中国的最终结果为 55%，排名世界第七位，而欧盟大国，如德国和英国均为 30%，法国为 21%，中国遥遥领先。传统上，斯堪的纳维亚国家在欧洲是仅有的例外，这些国家享有最高的"普遍化"信任度（来源：世界价值观调查互联网网页）。最后，我们来看一下宣布价值观等级排位的信任和可信度位次，换句话说，关于信任的信任原级。李成银发现，信任在中国几乎位于珍视价值观列表榜首，仅有"孝义"（家庭最坚固的焦点）和"尊重传统"被置于更高位次。非常有趣的是，对于一些老年人，信任则排在第一位，作为最重要的价值观（Lee Cheuk Yin，2003：51，54）。

不信任是全球金融危机的一个重要尺度

2010 年 7 月在哥德堡举办了世界社会学大会，在一篇会议论文中我做过说明，危机的重要来源是由于四个组合过程：经济的全球化、数字化、风险扩展和财政化或虚拟化，导致了经济和财政制度崩溃。这些过程对于信任文化产生了九个非常不利的影响：（1）由于其规模和复杂性，全球金融系统的功能发挥不仅对普通公民完全是不透明的，即便是对专家也是如此。利用我们赚取、储蓄、投资或者支出的钱参与全球金融流动，我们却对如何流动一无所知。（2）系统的主要参与者：业主、投资者、经纪人、投机商完全都是匿名的。只有在跟踪一些巨大的财政丑闻时，他们才会露面。（3）我们在系统中看到的机构通常都是异域的和外国的：跨国银行、商号、公司，操纵或者所有权没有明确地点、国家背景和清晰的结构。（4）金融机构参与积极的营销，巨大数量的发售、拟定的契约、有利可图的投机使我们失去了对方向的辨别，对于上述各项的可信度或者信誉度不敢确定。（5）通过银行提款机或者互联网进行的金融交易，完全非人格化，抹平了直接人际接触中信任或者不信任的重要线索。（6）货币的非物质化或者虚拟化在信用卡中转变成为数字信号或者数字痕迹，由此我们钱包中的纸币或者口袋中的硬币失去了原有的确定感和安全感。

财政决定和交易的速度在世界范围内几乎是即时的和实时的，为心情和情感而不是理智的计算敞开了大门，由此产生了无法预期的、突然的股票价值、货币等影响。（7）现代化的通信方式（互联网、移动电话）促进了留言、臆测小道消息、投资热和潮流，由此增加了不确定性和混乱。（8）人为产生的文明和技术危险（产业灾难、事故）以及人为造成的自然威胁（台风、洪水、全球变暖、新型疾病）造成了"风险社会中"更大范围的焦躁，同时商业媒体的逻辑强调生活的黑暗面，把世界图景描绘的比实际状况更糟糕，由此进一步强化了人们的焦躁情绪。所有这些导致了不确定的风气，这种不确定扩展到经济，并使人们对于负面消息和市场恐慌更加敏感。

（9）经济的财政化使得系统的运作变得非常抽象，远离了有形和物质世界。具体表现在两个方面：第一，在社会意识领域和日常生活中，众所周知的金钱恋物现象在此时比以往任何时候表达的都更加明确。金钱本身成为人们最希望得到的商品，是度量社会地位的核心尺度，远离了其实际使用价值。第二，在经济制度之中，货币运作、金融交易、交换、交割已经开始主导物质生产、在其非生产性行为中聘用了巨量的劳动力，参与全球性的计算机化游戏。

短时间内聚敛的巨额、显著财富以一种模糊的，并且经常是隐藏的或者秘密的方式，在原本享有稳定和确定的领域及职业生涯中产生了范围广泛的不确定、嫉妒和愤懑。这种因素形成了危机的初始条件，一旦危机爆发，邪恶的及日益深化的不信任度就开始发挥作用并且难以停止。

中国信任的特殊性

为什么中国人的信任很少受到信任破坏力量的影响，并且因此危机症状表现得不是很极端，并且可以很快恢复？现在让我们讨论一下儒家道德思想这一宏大话题，以及几个世纪以来对于革命、文化革命以及其他社会动荡产生的持续意义。早在 1983 年，希克斯和雷丁就曾经说过，"世界上有一百多个发展中国家，中国的遗产与经济成功之间具有近乎完美的互相关联，这几乎不应归结于偶然"（Hick and Redding，1983：19）。自此以后，很多"研究都尝试着去证明，中国的价值系统对于企业文化、企业业绩，甚至国民经济都产生了积极的影响"（Lee Cheuk Yin，2003：47）。作者声称，在现代化和世俗化过程中，儒家价值观仍然构成了中国价值观（与佛教、道教、民间宗教和外部及西方的影响相结合）系统的一部分（Lee Cheuk Yin，2003：49）。西方观察家证实，"入学价值观代表了中国道德的基石"（Barbar Marshall Malthews，2000：120）。她认为，"甚至今天，尽管有很多政治动荡和社会变革，儒家道德思想在中国民族社会中仍然是一种主导的认知结构"（Barbar Marshall Malthews，2000：122）。

儒家道德思想的一些成分暗示了一种信任在中国采取的高度具体形式。让我们看一些儒家主题，以及这些主题与信任的形式和性质之间的联系。第一是重视家庭、血缘关系、孝义和人际关系，这些素质从家庭核心扩展至熟人圈子、商业合作伙伴，即"关系"（定义了以社会交流的非正式和私密网络为中心的互相联系），和地方、地区性忠诚和团结。正如 Barbar Marshall Malthews 所说："在中国，一种关系系统或者利用联系获取某事物是社会存在本身不可分割的一部分。事实上，它构成了 13 亿人口基本社会关系的重要网络"（Barbar Marshall Malthews，2000：118）。这种高度个人化和具体的社会资本形式，产生了相对坚实、安全、经过考验的信任（Child and Mollering，2003：70）。同时，在积极信任的平台上通过延伸网络建构了"信用"，例如建构合作关系、商业群体和商号。在中国，启动任何商业项目之前必须首先建立信用网络（Child and Mollering，2003：72～73；Faure，2002）。一些作家认为，这种特殊化和个人化的信任和对于无名陌生人的一般化信任相比没有太多实益。然而另一方面，奇尔德和矛勒盈曾经针对 615 家总部设在中国香港的内地公司做了一项实证性研究，结果表明，陌生人对于社会或者经济动荡或者敌视、异国的环境较少受到不利影响（Faure，2002：76～77）。对于后者，关于中国移民群体以及很多国家的中国散居人口的研究也有文件资料可以很好地说明。第二，强烈注重"面子"、声誉、礼貌和失败时的羞耻感（Faure，2002：4），鼓励受托人的可信度和信托人的信心，这是合作伙伴不仅在外部控制（例如法律和强制力）之前，而且在内化的良知之前需要说明的。第三，无数研究已经证明，注重遗产传统、过去、骄傲和未来的乐观主义，与信任之间具有综合联系。第四，由于某人的地位而注重行为规范、职责、纪律和顺从是社会秩序以及和谐的基础，在其他人履行不同社会职责时可以肯定地预见他们的行为，因此鼓励信任的态度。在日常生活的微观层面，强调礼节、仪式、言行得体可以产生同样的效果。第五，对于位次、等级的尊重可以对于级别更高的人士其中包括政府产生垂直信任。

但是如果辜负了信任并且期待未被满足，这就很不充分了。另外，如果政府在生活的重要领域、经济小康、繁荣程度的相对增长方面达到期望值，在履行诺言的同时就开始了信任自我提升的良性循环。在这一方面，自从邓小平在中国实现改革开放和现代化以来，中国人民大众生活条件已经开始得到改善。以下是从无数令人印象深刻的指标中选出的一组数字：1985 年仅 7% 的中国家庭拥有冰箱，2010 年这一比例上升至 90%（统计数据来自互联网）。私人资本所有者是一个重要的人群，与地方、地区和中央掌权者都有有利的和情感之类的关系，对于国家可以产生相当大的信任和支持。"有利的和情感的关系互相交织'过度决定了'私人资本所有者对于政治现状的支持。由于彼此间经常的互动、由于关系熟悉和信任产生的情感以及'我群感'，使中国的企业家非常积极并且乐意倾向于政治组织，而不是仅依赖单独有用关系。"（McNally and Wright，2010：196）。早在 2008 年 11 月 9 日，政府对于全球危机采取了即时和明智的应对行动，拨付了 5860 亿美元资金作为市场的财政刺激。统治者已经在生存价值领域通过了考验（如比尔·克林顿在其总统大选中经常引用的一句"老生常谈"："经济啊，愚蠢！"）因此，政权高度的信任和合规性不是什么令人奇怪的事情（Zhengxu Wang，2005）。

从信任到信任文化

十年前我在剑桥大学出版社出版了一本书，书中我提出了信任的社会学理论（Sztompka，1999），通过这一理论我指出，有四种因素导致了与不信任或者愤世嫉俗文化相反的信任文化：（1）群体的整合和社会行为环境的熟悉程度；（2）社会组织的有序性和规则遵守；（3）变化和社会过程的相对持续性和可预期性；（4）行动和决定问责。上述选择列出的所有关于儒家遗产的各种成分，似乎比当前的欧洲（或者更大范围，西方的）价值导向更好地服务于这些指示。第一方面是来自着重集体主义、注重家庭和强调个人网络，而不是风靡的个人主义、自我主义和竞争精神。第二是来自得体和职责的思想，而不是灵活性、乐观主义和职业重视。第三是来自传统、遗产、记忆、长期持续。而不是后传统现代主义和现在满足感的获得。第四是来自"面子"、名誉和羞耻有关的思想，即内部社会控制，而不是外部的强加的法律和法律强制执行机制。

信任的持久文化使经济变得更加强大，更加有根基并对于全球性的动荡更具有灵活性。在乐观主义和自豪的支持下，理解中国在与全球金融和经济危机斗争中取得的成功是关键。

结　束　语

伏尔泰曾经说过，儒学思想体系应该被视为一种欧洲君主都应钦佩并且首先应该模仿的模式。这意味着我们欧洲人应该将韦伯新教徒道德观更换为儒家道德观吗？韦伯思想化应被东方主义取代吗？所谓的东方化是指从东方文化，尤其是从宗教精神领域借鉴来的自命不凡的潮流和时尚（Campbell，2007），当然此路是行不通的。

两种其他儒家价值为我们避免了一种危险的谬误，盲目的借鉴：整体主义和平衡。第一种方式是必须将所有放置置入整体的环境之中。从一种文化整体挑选出的成分并置入其他文化背景之中可能会完全改变其意义和影响，但这通常是行不通的（施加的民主实验，例如在伊拉克或者阿富汗提供了很好的阐释）。第二种方法是应寻求一种平衡的、中庸的解决方案，以求中庸之道来避免极端，寻求看似矛盾的成分的整合（Faure，1998）。

因此，两种儒家和西方价值观应作为相互批评反思的框架，而不是即刻、盲目的借鉴。然而，文化系统不是傻瓜式的，它需要调节，而开放、真诚、理性的跨文化对话是实现调节的最好方式。作为欧洲人，我曾经专注于研究我们可以从中国人那里学到什么。我相信，中国同行将同样预备好接受欧洲遗产的无价资产。

参考文献

Campbell, Colin, 2007, *The Easternization of the West*, Boulder：Paradigm Publishers.

Child, John, Mollering, Guido 2003, "Contextual confidence and active trust development in the Chinese business environment", in：*Organizational Science*, Vol. 14, No. 1/2003, pp. 69 – 80.

Dogan, Mattei 2005, "Erosion of confidence in thirty European democracies", in：Mattei Dogan (ed.), *Political Mistrust and the Discrediting of Politicians*, Leiden and Boston 2005：Brill, pp. 11 – 53.

Durkheim, Emile 1964 [1895], *The Rules of Sociological Method*, New York：Free Press.

Faure, Guy Olivier 1998, "Negotiation：the Chinese concept", in：*Negotiation Journal*, No. 2/1998, pp. 137 – 148.

Faure, Guy Olivier 2002, "China: new values in a changing society" [from the web-page of China Europe International Business School (CEIBS)].

Fukuyama, Francis 1995, *Trust: The Social Virtues and the Creation of Prosperity*, New York: Free Press.

Harrison, Lawrence E. and Huntington, Samuel P. (eds.) 2000, *Culture Matters: How Values Shape Human Progress*, New York: Basic Books.

Hick, G. and Redding, S., 1983, "The story of the East-Asian economic miracle. Part two: the culture connection", in: *Euro-Asia Business Review*, Vol. 2, No. 4/1983, pp. 18 – 22.

Lee Cheuk Yin, 2003, "Do traditional values still exist in modern Chinese societies?", in: *Asia-Europe Journal*, No. 1/2003, pp. 43 – 59.

Lewis, Leo, 2010, "China's GDP soars as it shrugs off global crisis", in: *The Times*, January 22, 2010.

Matthews, Barbara Marshall, 2000, "The Chinese value survey: an interpretation of value scales and consideration of some preliminary results", in: *International Education Journal*, vol. 1, No. 2/2000, pp. 117 – 126.

McNally, Christopher A. and Wright, Teresa 2010, "Sources of social support for China's current political order: The thick embeddedness of private capital holders", in: *Communist and Post-Communist Studies*, Vo. 43, No. 2/2010, pp. 189 – 198.

Overholt, William H. 2010, "China in the global financial crisis: rising influence, rising challenges", in: *The Washington Quarterly*, Vol. 33, No. 1/2010, pp. 21 – 34.

Putnam, Robert D. 1993, *Making Democracy Work: Civic Transitions in Modern Italy*, Princeton: Princeton University Press.

Putnam, Robert D. 2000, *Bowling Alone: The Collapse and Revival of American Community*, New York: Simon and Schuster.

Sztompka, Piotr 1999, *Trust: a Sociological Theory*, Cambridge: Cambridge University Press (Chinese edition Beijing 2005: Zhonghua Book Company).

Weber, Max 1920, *Gessammelte Aufsatze zur Religionssoziologie. Konfuzianismus und Taoismus*, Tubingen: J. C. B. Mohr Verlag.

Yu Yongding, 2010, "China's response to the global financial crisis", Internet opage of EastAsiaForum, on January 24th, 2010.

Zakaria, Fareed, 2010, "The new challenge from China", and the interview with Premier Wen Jiabao, in: *Time*, October 18, 2010, pp. 26 – 29.

Zhengxu Wang 2005, "Before the emergence of critical citizens: economic development and political trust in China", (from the author's web-page zhengxuw@umich. edu).

当代中华体制

潘　维*

一

我们今天学会了宽容甚至欣赏文化多样性，甚至不愿去批评美军占领下的伊拉克和阿富汗"民主制"。对待中国制度则是例外。评论中国，必然采用双重标准。许多人严厉批判中国的社会制度缺乏自由，政治制度缺乏民主，经济制度缺乏市场。

我不是个制度决定论者。制度主要体现为历史的结果而非原因。历史是由很多因素构成的，而且偶然和英雄在历史过程中起非常关键的作用。眼下的中国难题成堆，批评声不绝于耳。但与二十年前不同，大多数中国学者拥有理性的耐心，开始研究具体问题，探讨用具体的政策解决具体的问题，不再浪漫地翘首盼望一个能解决所有问题的新制度。

政客们经常为了某种物质利益而夸大彼此的制度差异，煽动偏见。古希腊的雅典和斯巴达两个城邦的制度其实非常相似，是拉动古

* 潘维，北京大学国际关系学院教授，北京大学中国与世界研究中心主任。

希腊城邦世界进步的两驾马车。但当时的政客们竭力夸张彼此的制度差异，导致了两败俱伤的伯罗奔尼撒战争，终结了古希腊城邦时代。

人类都相通，管理人类社会的手段其实也相差不多，可能99%是类似的，不同语言文化下机构的称谓不同而已。但对学者们而言，1%的差异也依然能产生重要的启示，——当然是学术上的启示，不是为了摧毁彼此。

制度当然是重要的，因为制度是文明史的主要结果之一。人类文明有三大要素：物质文明、制度文明和精神文明。追求日益精致的物质享受是人类的天性。制度文明则用于规范人的物欲，防止人类因争夺短缺的物品而自相残杀。但人是制度的制定者和执行者，再精致的制度最终也会被人的物欲所腐化。精神文明则用于限制物欲，要求人们为来世的乌托邦牺牲今生的物质享受。直到世俗化运动开始，人类的精神文明主要体现为宗教。而今，精神文明则体现为关于美好未来的宗教式信仰，如形形色色的"主义"。

由于地理等复杂原因，中华文明演化成了世界上最轻精神重物质的"理性"文明，亦由此催生了一种极精致的制度文明。中华体制创造了个奇迹：1/3的世界人口，尽管生活空间辽阔，生活方式和语言文化差异极大，却存异求同，在统一的政府管理下，在基本相同的制度下，生活了两千多年。若我们信仰全球统一的政府是人类的必然命运，中华体制应能对世界政府的制度产生重大启示。

当人类财富的形式出现了根本变化，——从农耕的财富变成了制造的财富，中国在财富积累上落后了，庞大而成熟的农耕文明艰难地转身，在社会组织上去适应工业文明。而今，150年的落后终于结束，中国回到了世界经济舞台的中央。中国取得了这一成就，没有靠殖民和殖民地，没有靠侵略和控制其他人民。中华体制当然不是中国落后或进步的全部原因，却陪伴着中国的兴衰，无论人们是否喜欢这种体制。

在以往的150年里，中国学人不断问着同一个问题：中国为什么失败？所有能想象的理由都被认真地论证过一遍，其中包括技术、文化、国民性、语言文字和政治、经济、社会制度乃至人种。到了 21 世纪，有些中国学人开始提出一个新问题：为什么中国能成功？

用西方世界的成功来证明西式民主的"普世性"是傲慢。中国学人欲解释中国成功，不是为了推广中华体制，不是为了证明中华体制放之四海而皆准。中国学人的提问是抵抗性质的，是为了阻止拆故宫建白宫的迷信在 21 世纪的中国流行。在这些提问者看来，理解中国的成功，"制度主权"是个关键词。

中华文明的延续性令人惊叹，而绵延至今的中华体制构成中华文明的脊梁。许多学者认定当代中国体制与 2200 年前首个中国统一政府的体制非常相似。换言之，当代中华体制直接传承自传统的中华体制。一些学者重新唤起关于中国制度传统的集体记忆，支持"中国模式"概念，体现了自信和"进步的保守主义"在兴起。

二

在我看来，当代中华体制包括组织社会生活、政治生活、经济生活的三种亚体制。经济体制的基石是政治体制，而政治体制的基石是社会体制。

1. 任何社会组织体制都拥有四个基本要素：社会的基本单元、社会的道义准则、社会的组织形态、社会组织与政府的关系。其逻辑关系大致如下。

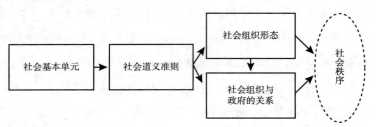

由此我们可以归纳当代中华社会体制的四大支柱。

（1）与西方社会不同，有阶级背景的"个人"不是中国社会的基本单元。自古至今中国社会的基本单元都是"家庭"。在中国，家庭不仅是人类再生产的基本组织形式，而且是最重要的经济组织形式。缺少宗教和教会对家庭的争夺撕扯也是中国家庭尊奉祖先、始终强大完整的原因。即便在今天，中国注册企业的绝大多数依然是家庭企业。因此，中国社会是个不分化成阶级或利益集团的社会，有贫富之差，却"富不过三代"，鲜有清晰的阶级意识。

（2）与西方社会不同，社会契约式的"法律主义"不代表中国主要的社会道义准则。传统的家庭道义弥漫于中国的社会组织之中，也渗透了中国政府的管理方式，还渗透了政府与社会组织的关系。历朝的"孝义治天下"、"修齐治平"、"内圣外王"，皆展示了家庭道义的作用。

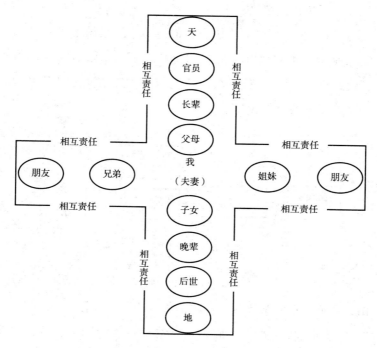

精神十字架：中国的家庭伦理

（3）西方当代的社会组织形态主要是独立于政府的市民社会；而中国过去和现在的社会组织形态则主要是城乡"社区"和"单位"。相互关联的社区和单位构成了中国的社会网格。今日中国的大多数非政府组织属于学术和休闲娱乐性质，但这些组织也往往主动寻求政府的支持。没有警察的支持，就没有中国的"黑社会"。哪怕是反政府的组织也以在政府内部做高官或做过高官的人当自己的旗帜。

（4）与西方泾渭分明的"国家与社会"两分不同，中国政府的管理呈现由"条条"和"块块"构成的网格，以传统的和现代的"乡绅"为纽带，在基层与社区和单位组成的社会网格交织，构成一个"立体网格"。

如此社会组织形式可称为"社稷"。社稷原指官民共同祈求五谷丰登、天下和谐太平的地方，后因孟子称"民为重，社稷次之，君为轻"而有了更深的含义。

因为"社稷"，才会有中国特色的政治生活组织方式。

2. 任何政治组织体制都拥有四个基本要素：政府与人民关系的理念、政府官员选拔方式、政府主要权力机构、预防和纠正政府错误的机制。其逻辑关系大致如下。

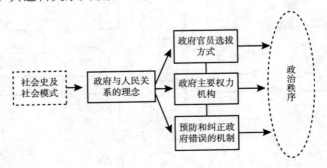

由此我们可以归纳当代中华政治体制的四大支柱。

（1）与西式民主主义不同，在传统和现代中国流行的是民本主义的民主理念——政府存在的唯一理由在于承担照看全体国民福祉的

"责任"。这个思想明显出自中国的家庭伦理观念。

（2）与依照"多数决定"原则的"选举"不同，不分阶级的中国始终采用"绩优选拔"制（即通过考试和政绩"选拔"官员）。逢选必考，无功不拔，故"行政主导"的体制能延续至今。

（3）与强调代表社会利益集团的党派问责不同，中国共产党是政治上统一的执政集团，强调责任，是个"先锋党"，如同传统的儒家执政集团。然而，这个统一执政集团内部的政策竞争，常常比西方不同政党政纲之间还激烈。

（4）与"分权制衡"不同，现代中国分工不分权，采用"分工制衡"来预防和纠正错误（例如双行政体系），一如传统中国。

比较中国（大陆、香港、"台湾"）和新加坡——大中华区的政治实体，我们可以发现：政治上统一的"先锋党"能维持行政主导，建设并巩固法治；而选举政治能摧毁先锋党，摧毁行政主导，削弱法治。

民本政治理念是核心，因此上述组织政治生活的方式可称为"民本"。

因为有了"民本"政治，才会有中国特色的经济生活组织方式。

3. 一如标准教科书所言，任何经济组织体制都拥有三个基本要素：劳动力、土地（生产资料）和货币。然而，企业的性质与其他三要素同等重要，企业带来货币，把劳动力和生产资料连接起来，构成第四要素。其逻辑关系大致如下。

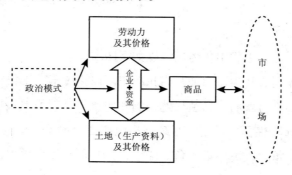

由此我们可以归纳当代中华经济体制的四大支柱。

（1）按人均计算，中国可居住的土地狭小，自然资源短缺，中国放弃了数千年来含混的土地及生产资料私有制，转由政府控制并出售其使用权，以期比较平等的社会资源占有，以及比较低的税负。

（2）与西方不同，中国盛行规模很小的家庭企业，所以政府设立少量大型国有企业，与民营企业联手从事耗资巨大的基础设施建设，并在海外与西方大型企业竞争能源和原料。国家拥有大型金融机构服务于实体经济，防止金融机构异化成吸金的独立王国。国家出面组织科研、教育、医疗、体育、文化等领域的非营利机构。在绝大多数欠发达国家，私人机构经常无力或无意投资这些重要领域。

（3）中国拥有相对自由的劳动力市场，以支持家庭企业为主的经济。

（4）同理，中国拥有相对自由的商品和资本市场。

以上组织经济生活的方式分成两大部类，即国有部分和民有部分，两者互为支撑。因此上述组织经济生活的方式可称为"国民"。

"国民"经济体制不仅是"资本主义"和"社会主义"的"混合"，而且是一种有中国特色的混合。这种"混合"远早于两大"主义"。熟悉传统中国经济的人很容易就能将这种体制追根溯源至汉代早期就开始实行的"盐铁官营"，以及历代含混的土地所有制。

三

综上所述，当代中华体制可以如下图所示。

中华体制有其生命周期。当执政集团腐化堕落、不再信仰民本主义，就沉溺于自家利益，绩优选拔制和纠错机制就崩溃，执政集团丧失其"先锋"性质。随之，行政网格脱离社会网格，政府脱离人民，导致税负日重，人民不堪重负。随之，国有部门不再承担宏观调控责

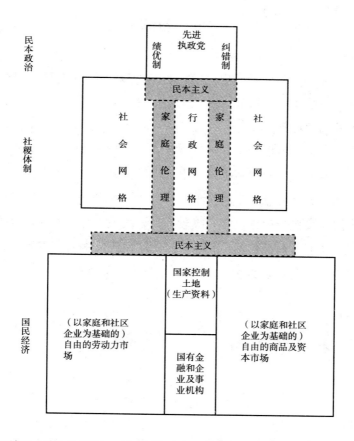

任，经济生活发生混乱。这就到了人民造反的时刻。然而，腐朽的执政集团总会被再生的先进政治集团取代，而后者称自己为一个新的"朝代"。这就是有中国特色的机制："得民心者得天下，失民心者失天下。"由俭入奢易，由奢入俭难，是人性。追求长寿是科学，但追求"跳出兴衰循环律"是神学。世上没有哪个社会、制度、国家能跳出兴衰循环。

中华体制给我们带来了一些理论启示。（1）"社稷"挑战了社会学知识里的"国家与社会"两分。（2）"民本"挑战了政治学知识里的"民主与专制"两分。（3）"国民"挑战了经济学知识里的"计划与市场"两分。

中华体制还启发我们用下述由低到高的分析层次来解释体制的可持续性。

（1）强力维护社会秩序。（2）回应一时一地的民意。（3）承担平衡部分与整体、现在与将来、变化与秩序利益的责任。（4）塑造人民的共同利益观。

现实的世界不可能存在完美的体制，完美的体制只存在于另一个世界，存在于传教士的布道中。中华体制漏洞百出，兴衰往复，既不能自诩为"全球普适"，更不可能自称"逐渐趋于完美"。但是，这个体制拥有较强的弹性和学习吸收能力，故能顺时应变，延续了两千多年，比世上任何体制都更长寿。正如中国独有的古老书写系统，中华体制有相当大的机会在整个 21 世纪与西方体制并存。

现代化与现代性——跨文化因素

莱纳·胡德曼[*]

对"多元现代性"章节的文章构思强调"全世界多种现代化实践"。实际上，现代性可以是相互冲突对立的。但另一方面，现代化及其与时代的脱节在不同形式的现代性及人民间的跨文化进程中起着重要作用。我作为欧洲历史学家受邀，发现并发挥以往获得的文化、社会、政治及其他经验的作用可以在事实上变成打开新的展现学术研讨的基础文本的领域的有效工具。以历史学家的角度，我将分四点对我们为准备这次研讨会所作的几个关键进行思考。显然聚焦于欧洲，我所思考的基础是关于21世纪中欧关系的可能架构的问题。

一 我们术语的历史感：世界观

先谈谈一个关于我们语义参考的历史感的意见。世界观，在我们的邀请文中用德语词"Weltanschauung"解释：从哲学和语义的观点

---

* 莱纳·胡德曼(Rainer Hudemann)，德国现代史学家，萨尔堡大学教授。

看是准确的。但这个解释在欧洲包含一种似乎对我们的思考可以碰到的特有的含义：这个词在德语里承载很多内容。因为阿道夫·希特勒编造的建立第三帝国的众多谎言之一恰好臆造这样一种结构紧密的世界观。在德国，因此世界观从希特勒时代就更多代表着一个比一个荒唐的思想的集合，在它们之间由完全似是而非但更加恶毒且产生毁灭性动力的一致性的推理所联系。这个被称为"世界观"的陈词滥调推动了将欧洲和其他大陆的相当一部分置于火与血中，并试图奴役甚至灭绝被指定为异族的群体。如果可以用法语、英语或汉语使用此词，将其以这种方式翻译成德语时应该非常谨慎，因为 20 世纪的现实完全将此词原有的语义及哲学意思抛在了一边。

二 对立与跨文化动力间的现代性

研讨会的构思使人想起我们"不应被局限于一个仅仅实用主义的研究方式"。这固然不错。但是，一个有条理的、不仅通过思想而且同样通过"实用主义"且现场陈述事实的发展变化的研究方式对我们的主题而言包含非常丰富的材料。

由于除思想之外，现代性，特别是各种现代化进程本身，在欧洲及在冲突激烈的时期发挥着重要的跨文化作用，这种作用一点也不是自然而然产生的，但它可以有助于建立长期的跨文化的基层结构。在尊重"多元现代性"的同时，尊重不同的文化，不应模糊各种现代性互动这一事实，无论是有意特别是无意的，其是跨文化的强有力因素。

欧洲 19、20 世纪现代城市规划的演变为此提供了一个特别多样化且重要的例子。19 世纪下半叶，欧洲的大部分处在巩固民族国家的时期，那时国家间冲突演化为 1914~1918 年的大屠杀（第一次世界大战）。在正常情况下，我们那时处在一个规范各国日常生活的大原则间相互隔离的时刻：将在 19 世纪的大多数城市经受的巨大人口压力下，随电力、管道系统、自来水及公共交通而来的现代性转化为现实的巨大任务很快到来了。我们实际上将看到在法国拿破仑三世及其今天通过长道及整齐匀称的广场形成了巴黎特点的大省省长欧仁·奥斯曼的城市规划原理。在德国和奥地利，一场既反对奥斯曼也反对普鲁士碑铭主义的带有艺术城市规划的替代运动在 1900 年左右兴起，以力求使有限的空间与技术及城市规划的现代性相协调。英国则在同一时期将其花园城市发展成为社会复兴的工具，以作为对因工业革命引起的糟糕的生活条件的回应。

但分隔并没起作用，或者只是起了部分作用。在城市大规模扩张而引起的职业化过程中，技术人员、工程师以及建筑师同时开始为他们所面临的问题寻找更好的解决方案并将其实现。但解决方案根据问题的压力而不同。比如，德国面临的城市人口爆炸问题要比法国紧迫得多，因此德国在城市卫生问题方面就领先于其他国家。英国花园城通过德国、匈牙利、瑞士开始传到阿尔萨斯，并在此过程中改变了其社会功能。英国式的"直接排放"管道系统经汉堡在德国普及。阿尔萨斯人使用来自德国的艺术性城市规划来对抗在斯特拉斯堡的同样来自德国的"碑铭主义"风格，这种风格吸收了以往巴黎的奥斯曼原则的影响。从 1870～1871 年战争直到 1918 年属于德国领土的洛林的法国城市梅斯，今天是这种德国艺术性城市规划的最好范例。区划的原则——根据各居住区不同的经济社会功能来构造城市——1876 年后在德国发展起来，并在该城市 1918 年划归法国后像某些管道系统的原理一样从梅斯扩散至整个法国。对于我们的目的而言，由此导致了各国现代化的差距成为了改变各种跨文化国家模式的决定性因素。

再举一个更详细的例子：适应于构建趋向 21 世纪合作的政治意愿的重叠和资本。1908 年，梅斯火车站是全世界技术上最现代的车站，为了下一次（实际上于 1914 年到来的）战争而建造，但同时也是为了一个全速发展的城市的居民生活所用。在车站的中央大门之上刻有一个罗兰的雕像，他是中世纪德国城市自由的象征。他似乎象征着一个带有梅斯市的纹章的凶猛的德国战士。但当我几年前带着一本1913的指南在那里闲逛时，我却找到了一个完全不一样的、带着德意志帝国的纹章的优雅的罗兰。我断定可能有人砍掉了他的头，就像在1918年法国胜利后该地区的许多德国雕像一样，其被换成了一个凶恶的德国人。但过了不久，其他的照片出现了。1919年，人们确实砍掉了他的脑袋，但换上了一个可能象征中世纪的某个皇帝的人物，并配上洛林十字纹章。当1940年德国占领法国时，有人说在那里看到的是第一次世界大战时法国胜利者福煦元帅的头。而戴高乐将军在此期间选择了洛林双十字作为法国抵抗运动的标志。为了避开福煦元帅的视线，人们首先封闭了罗兰皇帝，并在1942年放置了一个1908年优雅古代军人的复制品，但这次带的是梅斯市的纹章。在梅斯解放后，人们重新砍下了这个军人的头并换成了今天的凶猛的武士，也不知道这个武士是保卫法兰西免遭德国新的进攻还是代表着1947年德国人在法国的形象。但梅斯市的纹章留在了雕像上。直到最近，大多数梅斯人还不知道在他们火车站入口处的梅斯市纹章其实是纳粹放在那里的。

这个按照德国艺术性城市规划建立的区域，在体现德国对阿尔萨斯－洛林统治的同时，仍留在这个地区全部的禁忌中。它分裂的很慢，直到一次惊人的突然转变。1975年，火车站被列为历史建筑。1991年，磨刷重修了因岁月而发黑的表面。从2007年开始，梅斯市正式申请整个地区加入联合国教科文组织世界遗产名录。欧洲最多事的地区之一的记忆叠加在了一起。记忆中的动荡总是一次又一次地接踵而来。

国家、跨国直至跨文化结构的发展道路不是自然而然产生的。底层的或明显的结构没有阻止两次世界大战的爆发。但横向的结构，在尊重文化身份的同时，就协调的过程而言，长期构成了可以唤醒、激活、利用并将其转化为为 21 世纪服务的政治社会行动的遗产和巨大的文化资本，其趋向于一个基于合作而非战争的世界。就像研讨会的构思所寻找的一种跨文化的方法，这种研究方法可以把思想与物质演化的程度连接起来并开启新的现代性的可能性。梅斯的例子导向了第三阶段的思考。

三 文化间的交锋与理解

研讨会的基本文件指出"过去的文化帝国主义……或者意识形态对立的态度……应该已经过时了"。当然，但如何达到？什么是在我们文明内部"广泛的对立"的经验？简单地宣称"过时"不仅不够，相反，如果这个宣告发生在可能以后更猛烈地爆发的创伤的沉默中，它可能包含着巨大的风险。尤其是，这个宣告可能剥夺我们此处寻找的意义中经常表现得非常有建设性的动力，特别是从第二次世界大战以来。朝向欧洲一体化进而现代组织化以及一个可以在全球化中发挥其作用的大陆的政治现代化之路有着足够的例子以证明这种复杂性。

如果以往的冲突在 1945 年被简单地宣布或看待为"过时"，那么人们习惯上称之为的"法德双驾马车"就从来无法发展它的活力，尤其是对从 1949 年到 21 世纪的欧洲一体化。实际上正相反，充分地考虑到过去的冲突，不仅仅需要反思，而且也有行动上的困难，实际上费力、长时间的工作从 1945 年夏天就开始了。德国新教教会，其很多成员投入到德国反对希特勒的抵抗运动中，从 1945 年 10 月正式宣布，在希特勒逐步掌权过程中，不仅是每个个人有罪，而且全体德国人民负有共同责任。法国、英国和美国从此时起在德国占领区展开了声势浩大的民主化运动。从 1945 年来记忆纳粹主义德国的课程非常复杂且逐渐向新的方面演化，我认为这反映了第三帝国本身的极度复杂性。曾被德国人占领的法国与德国的关系更是承载了极多的内容。但对法德关系长期的非常有建设性的发展的决定因素之一恰恰是纳粹过去在战争末期传媒及政治的现实中曾经存在且现在依然永久地存留于德国政治及社会中的事实。它的形式已经通过它们的演变显示了这场与记忆的战斗的激烈。

人们本可以试着在沉默中让第二次世界大战超过 5000 万的死者成为过去，但这将无法获得成功。根据欧洲的经验，如果问题不逐步地摆在桌面上，协调和理解会是虚假的、虚伪的。这些过程是痛苦的、漫长的、布满局部失败和误解的。不同的甚至分歧的感受和评价显然将继续存在。然而，20 世纪后半叶的法德（关系）证明：共同解释痛苦的共同历史，共同从中吸取教训得出结果——戴高乐将军从 1945 年 10 月就公开这样要求，不仅仅是在人们经常认为的在 1963 年著名的法德条约时，共同致力于缓慢且困难的众多其记忆依然沉重的部分禁忌的消失，这就是一种经验，它是至今为止欧洲在国与国间理解上取得惊人成功曾是最惊人的一个成功的必不可少条件。

这些经验很显然与其他因素互相交错混杂。现代性构成了一个特别有效的因素。再以欧洲一体化为例。如果法国这个民族概念浓厚的国家成为了第二次世界大战后欧洲一体化的先驱者，一方面为了将人们怕它重新变得好战的德国纳入一个更加广泛，特别是工业的整体中以通过此方法对其加以监督。但另一方面，这让法国必须提升自己的工业技术和商业现代化以使其在全球化中的世界更具竞争力。

四　现代性、民主与福利国家

在欧洲的前景展望中，现代性、民主性、社会性的国家，其用技术术语称为福利国家，是紧密相连的，并不需构成一个不可分离的整体。准确地说：我在此说的是西方民主的多元意义上的民主，而不是一个将自己视为工人阶级先锋的政党的马列主义意义上的民主。

美国是一非常现代的但不具有足够发达的社会保障的民主国家。民主并不必然带来社会公正和保障。但在相反的意义上，福利国家经常是 19 世纪以来通过管理社会安全的组织在德国的工人运动的力量中一个民主化的重要因素。英国和瑞典将其 19 ~ 21 世纪民主的稳定同样很大部分归功它们发达的社会保障体系——它们现代化的关键。德意志"第三帝国"证明，在相反的意义上，缺乏民主，福利国家可以变成社会排斥甚至社会及肉体毁灭的工具。对欧洲而言，民主意义上政治现代化与福利国家意义上社会现代化间有着基本的联系。

总之，这就是可以启动转移进程以及往往在政治、社会、文化、经济结构和传统非常不同的国家的演进中的趋同的现代性（复数）。但现代性已经可以在职业水平的沟通交流是开放的且容易达成的情况下发展它们的活力。

跨文化与跨主体性

阿兰·李比雄*

"我们等这很久了"，1987 年，广州中山大学副校长、历史学家胡守为表示对我们提出的邀请该校人文科学系参与由跨文化研究所及翁贝托·艾柯在意大利博洛尼亚大学建校 900 周年之际发起的转换人类学项目的建议提出的感慨。"这"指的是向中国研究者发出的，在欧洲人类学观察领域，来对照他们与欧洲研究者对世界的感觉的邀请。

跨文化研究所的结构网已经成立和运行有差不多 25 年的历史，其原则非常简单，可以长期地改变世界的看法和表现模式，这种看法和模式引导了人文科学（是人们习惯上不完美地称呼），且（此原则）逐渐更新其概念及方法论的参考资料。

试图从前景来看，全面展示若干主要的中国和欧洲文化各自固有的概念及方法论甚至是认识论的模式，依他们语义学领域（范围）的多样性，以"现在时"的观察角度用于这些领域。

---

* 阿兰·李比雄（Alain Le Pichon），法国人类学家，欧洲国际跨文化研究所所长。

在这个先与几个非洲研究者，然后和一组中国研究者进行的互惠及转换人类学领域，原则简单，应用困难。

这个互惠人类学，更广义上说，互惠知识的公设也是多样性的公设。我们在这点上接近这次讨论中的第一个悖论：就像翁贝托·艾柯强调的那样，全球化既可以使在摆脱"遥远的目光"的多样性的细节相互靠近并使这种跨文化研究方式成为可能，也有助于减少或消灭这些细节。这是热爱中国文化的诗人维克多·谢阁兰在 20 世纪初已经提及的首要风险："多样性逐渐减少是地球上最大的危险。"

假定多样化继续存在且永远延续下去，就像克劳德·列维－斯特从人类学家的角度对此所持有的悲观看法，他还是让人们保持着希望，那么风险不是混乱和不和谐之音吗？如何由此以一个共同的研究方法来承认、保持我们各自遗产固有的价值和模式产生效果并使其开花结果？

总之，如果这样的研究方式被证明是可能的，双方对各种认识模式的全面展示可以使我们逐渐地确立一些建议和新的方法论或元方法论的假设，这种展示是否可以以创造性的方式预见未来，并在革新的同时迎接在对过去的积极重读中导向创造性的社会模式的全球化所带来的挑战和束缚？

其实，这种研究方式也在于一个假设，这个假设与保罗·瓦莱里所宣称的不同甚或相反，这不是"已结束的世界的时代开始了"，相反，这样的时代结束了，这个由人文科学的概念模式勾勒出的界限描画出的世界，就像它们是在我们西方社会历史中形成的。

与聚会于此论坛的杰出的研究者和思想家的看法、分析以及以他们掌握的学科与科学的观点进行的不可替代的分析带来的观点相同，此介绍将非常简单地强调我们已经在跨文化共同演变中遇到的障碍，其可能引起一些讨论，适度地由此人们可能证明简单化的启发性的态度。

一

我将尝试识别这主要危险中的某一些危险，再借助我们自己的一些有限经验也借助既不同于希罗多德、莱布尼茨、拉·封丹，或者更接近我们的尼采、胡塞尔、维特根斯坦和瓦尔特·本雅明的作者站在西方的立场过去做的分析。这些分析在我看来突出了这种跨文化全面展示预先或同时要求在观察者间建立一种处于不论个人还是历史的环境中的超主体关系的条件。

求助于包括历史学家希罗多德或寓言作家和伦理学家拉·封丹的观察，或是莱布尼茨提出的概念类别（在他关于《中国人的自然神学》的论文中，以更加概念化的方式，和他的专论《万物回归（众生复原）》的参考材料中），还是以另一种方式，路德维希·维特根斯坦（眼睛看不到自己）中从语言哲学的观点，我想首先尝试强调互惠知识的研究方式必须克服的，不管是文化的还是主体的障碍和局限性。

二十多年来我们忙于争论中，在跨文化研究所内，互惠知识的问题，我们的朋友、哲学家赵汀阳在他发言时表示，在他看来，关键问题无疑是在由各自看法角度交叉形成的互惠知识的领域双方的观察者立场的问题。

一方面，由后验原则指导的西方人的视角，客观的视角，停留在个体观察者的立场，关心"清楚明确地"保持这种个体"比率（合理性）"的限制，很大程度上决定了自希腊人以来的科学及人文科学发展，并在政治与精神（道德）的范畴观察这种"个人主义合理性"的原则。

另一方面，他所称之为中国人重视（顾及）个体观察者所处的关系网的复杂性哲学传统的"关系主义合理性"的东西主张将整体利益看成是自己的。

　　翁贝托·艾柯已经指出，在他看来，任何知识的对象，任何概念对象，就其多样性而言，在这种语言及文化的语义学的环境之外是无法被领会的，这种环境，在其极端复杂性上，给予它一个不能缩减的独特性。他向我们推荐的符号学研究方式可以让我们在全面展示其性质及主要特征的同时，掌握这种独特性的性质和主要特征，尽管全球化、多样性的存在，在保护整体利益的同时并尝试保存它们。

　　在这两种研究方式的延伸部分，受到跨文化研究所的有限经验的启发，我的思考主要是关于对互惠知识的条件，在尝试围绕我试着借助这个超主体的概念明确表明的建议确定这些条件，在西方，主要参考了埃德蒙德·胡赛尔和瓦尔特·本雅明，但可能也有莱布尼茨的一价元素。我觉得从赵汀阳的观点看，这些条件可以是补充性的且有意义的。

　　但我首先想在这两位西方大师及人类学知识的奠基人的庇佑下确定他们的地位：希罗多德，他是最早通过古波斯和希腊间冲突的记述思考亚洲和欧洲间历史的碰撞的方式和结果，而我们的寓言作家和伦理学家拉·封丹，则以另一种方式，以讽刺作家的视角，可能也和同翁贝托·艾柯一样，思考了互惠知识的条件问题。

　　先谈谈希罗多德，在他的故事中的三个地方：第三卷，思考令人痛苦的不幸："我前行，他说，在我的记述中，模模糊糊地跑遍了大小城邦，因为，从那些从前是大的，但大多数情况下已经变小的城邦和那些在我这个时代大的而以前小的城邦，相信人间的繁荣从不固定地停留在同一个点，我将同样提及这两种情况。"带有同样的悲观色彩，在第七卷，为了为亚哥斯人"与波斯人太友好"的做法辩护，他宣布"如果所有人将他们个人的不幸（或者他们的罪孽）带到同一个地方以将其与他们每个邻居相应的不幸和罪孽交换，在查看了别人的不幸后，他将高高兴兴地把带来的东西带回去。"最后，这个居鲁士的梦想，看到希斯塔斯坡的长子"肩膀上长着翅膀，其中一个遮盖了亚洲而另一个遮盖了欧洲"，克罗伊斯的、这应使其不幸的"傲慢（罪）"的命运的预兆，在希腊人的政治看法中，应该永远判决所有同时包括欧洲和亚洲的普世帝国方案的失败。

而拉·封丹，我想引用要求动物到庭并比较他们各自优缺点的关于神王朱庇特的寓言《褡裢》："所有动物听旨，如果谁对自己想破形体有意见，今天可以提出来。/我将想办法给予修正/猴子过来，你先说，你满意你的形象吗？/我，猴子说，为什么不？我的四肢完美，相貌至今无可挑剔。/我的熊老弟则长相粗笨。/它若相信我的话，这辈子恐怕是不愿见到自己的模样了。/熊蹒跚地走上来，大伙以为它会抱怨自己的其貌不扬，谁知道它却吹嘘自己的外表。/同时又恶意地评论大象，说大象尾巴太短，耳朵又太大。老实的大象也说了同样的话，它说海里的鲸比自己胖多了/蚂蚁则说蛆太小，和它们比起来，自己简直就是个巨人……"

拉·封丹总结说："神王朱庇特只好挥手让它们退下。正像这些动物一样，我们人在这一点上表现得更加突出。万能的造物主给我们每人做了个装东西的褡裢。人们总是习惯把自己的缺点藏在褡裢后面的口袋里，而把前面的口袋装着别人的缺点。"诱惑或者反应，我觉得，停留在最博学的讨论中且可能使我们高估，我只是说我们欧洲人，我们的政治和民主模式的普世道德的。

在瓦莱里的名言警句中重新找到了历史学家和伦理学家的这种欧洲"悲观的"看法："我们其他人，文明，知道从今以后我们必然灭亡的"，这句话像是与我们拥有的承担普世和目的论的历史责任的良知背道而驰，而且似乎也忽略了，至少在我们历史所处于的长期的展望中，令人吃惊的中华文明的长久不衰。

我想对照莱布尼茨的这个更加悲观的看法，带给欧洲那时发现的且他通过耶稣会的证据，一个无可匹敌的敬意，在他关于中国人的自然神学的论说中接近的"中国政治模式"。我觉得事物的状态，他对我们说，通过腐败的泛滥如同它让我觉得中国人向我们派遣传教士以教给我们自然的精神，就像我们派传教士教给他们（宗教）启示一样几乎是必要的。而且："谁曾想过在地球表面存在着一个当我们自以为熟稔于最讲究的道德品行时，通过优于我们的礼仪戒律而占优势的国家。然而这就是我们在中国人那里看到的东西，从这个我们对此变得熟悉的那天开始。这就是为什么，如果我们是在技术上平等的，如果我们曾在静修的科学上胜过他们，可以确定我们在实用哲学（羞愧地承认这点）上胜过了他们，我倾听那些适合于人的生活和实用（用途）的伦理的和政治的规则。"

二

特别参考了尼采（及他的"批评史"和"价值重估"的概念）和胡塞尔（《笛卡儿式的沉思》中主体间性的概念），我的第二个建议是尝试定义一种结合超过主体间性及文化间性概念之上的，超主体及跨文化的观念的，既包含个体也包括其社会文化环境的元方法研究方式的轮廓。

总之，以一种更加雄心勃勃，也许更加乌托邦的方式，我想尽力把这种研究方式与瓦尔特·本雅明在其各种"历史时间性"中所持的对历史的哲学看法联系起来，在其各种"历史时间性"中，呼吁欧洲历史的"目的论的时间输出"，由于"历史的美学模型（模式）（允许）在平行论的历时性（贯时性）中引入、中断、停止，短暂性、共时性"。

在这种共时性意义上，超主体和跨文化性可以交接契合并可能促进我们处在危机中的西方文化，超出他们的历史和目的论的命运保证之上，利用互惠知识的好处，一种拯救的抉择（取舍）对那些人们称之为"五朔节的诱惑（欲念、邪念）"，在参考向菲利克斯·门德尔松请教（讲话）［找他帮忙］的歌德对其《五朔节之夜》的说明（评论）。价值及古代模式令人失望的、病态的和没有出路的结构，那些感到自己被历史抛弃的文明在其兴盛时期行将结束之时可以屈服（灭亡）。

今天，中国也许能作为一个真正的实验室出现，在这个实验室中，在其发展的动力中，借鉴其历史的教训，打造新的假设（推测）和新的思维模式。双方共同的利益是合力建立这种概念革新的批判性（评判、判断）的规则。

这些建议和元方法论的假设不是为了建立一种理论，而是希望停留在调查研究的领域。这些建议和假设也不会在这个过于不确定的初期阶段开始那些属于跨文化方法论的方法（步骤）以及我们在这个问题上与我们跨文化研究所的中国伙伴和朋友，尤其是黄平和赵汀阳教授的众多交流，这些建议和建设从两位教授那里受益良多。他们因此想停留在他们可能在共同的关键学科的选择中提及的参考资料之内，将在未来使那些依然只是非常主观的探索具有意义并成真正的跨文化及超主体的形式。

三

这就是我想简单地在我的发言时段中试图接近并阐明的两个超主体和跨文化的观念。

根据翁贝托·艾柯的建议，我们的工作是在跨文化交流的发展—相互承认并全面展示这些差异中创造一个达到"开放成果"的各种条件。在人文科学领域实施笛卡儿的疑问，沉思录的疑问，且按照埃德蒙德·胡塞尔的观点，笛卡儿式的沉思的疑问，在将这种人类学的疑惑拓宽到标准本身，并对它们彻底地运用"悬置"的原则，这涉及在我们目的论的历史线性中产生断裂与开放，以便新的模式可以突然产生。

我觉得两个条件必须结合在一起以达到这种断裂的效果。

其一取决于主体间的关系：我所建议的是在胡塞尔派（系统）中定性的，甚至超出他在《笛卡儿的沉思》中所分析的主体间性的现象学的（唯象的）过程之外，超主体事件。

我觉得是合法建立的，起初，意识的和人的，在胡塞尔的观点（角度），到象征性功能和语言的源头，断裂的最初现象和自我的"出路"，依赖（从属）于同时由相异性的揭示（启示）所产生的悬置，个体的时间和历史的产生，这是它的更新，在个人的历史过程中，在主体间交流中，正式这种"悬置的回归"容许了超主体的超越。美学的事，艺术、音乐，同时处在地点和活动（启示），就像从孔子那里，我们知道了："礼是区分的东西，乐是聚集的东西。"美学的沉醉可以是这悬置的享有特权的地方。与排斥合理性相去甚远，就像发生在我们身上组织关于美的观念及功能在科学发现中某些跨文化碰撞（遭遇、会面、相撞、汇合）所证明的（显示出的），这种沉醉也是它的原则。

另一个条件，在文化间的关系中，那种在大的集合（整体）、文明和文化的共同体间建立的关系取决于跨文化的事件。过程和事件，同时处于历史中，并依赖集体历史。这里引起我们注意的事情恰恰是理解过程的条件，以便跨文化的事件可以发生（产生）。就像超主体的时间，主体历史的产生，不可能在并通过这些每个文明共同体固有的历史的断裂和产生。我重复一遍，在瓦尔特·本雅明之后，对我们西方人而言，这意味着我们目的论的时代的线性的断裂。

我觉得这个断裂的时间已经到来了。这历史本身，在其多样性中宣告了这种到来。机遇在中华文明和欧洲文明带着它们的极端差异在相碰中到来，不是目的论的，但可能是伸缩的。这种机遇，的确像翁贝托·艾柯所提醒我们的那样，承认我们模式和概念极其多样性。就像莱布尼茨所提出的，来自"万物回归"的悖论，在考虑到无穷小以及更小的差异中。

可能欧洲今天所经历的深刻危机，除我上面提到的"五朔节的诱惑"之外，将对我们有所帮助。因为是否有一种对我们欧洲文化的厌恶、厌倦，可以与年轻的卡夫卡在给他父亲的信中拒绝他的宗教遗产的厌倦相比？

为了使这种不适（苦恼）转变为有益身心健康的决裂（断裂），我们不应该也拒绝我们，这种可能是本雅明提到的"强烈的试剂（反应物）疏远的目光，能够让'我们文化中历史沉淀的图像的现实和可能性'显现？"

"因为，本雅明告诉我们，历史是与一个文本相同的，在此文本中，过去沉淀出图像，就像在一个可以感光的板上。只有未来拥有足够强大的反应物来让这些图像在每个细节上显现出来。"未来，我们的未来，不是存在于接近（和解）、汇合和我们文化的相互了解中吗？

在这"回想论"中，乌托邦，瓦尔特·本雅明告诉我们，是一种记忆的功能。难道不是在那里，尼采主义者用"跨价值化"取代了第三种功能吗？我觉得在这次论坛研究新的模式中可以使用这种方法。

历史的跨文化的产生对双方来说必须是共同的，它只能是相互的，这种产生意味着两个超主体和跨文化的过程联合在一起。一方面让我们在人际交流中产生和发展超主体事件而努力。另一方面让我们意识到并知道利用跨文化事件，比如历史所使突然出现的，以及在历史中出现的，使出现"不同的历史时间性的水平"。

我们能和瓦尔特·本雅明说，就像美学事件和艺术品，在超主体的关系中，"历史的美学模式（我们想起贡献于使其出现，与全球化熔炉相反），允许在历时性中引入共时性的平行论、中断（分隔）、中止短暂性、共时性"。

我们在中国相会，我们可以得到帮助，但愿我们知道在那里也欢迎未来多极世界其他的参与者，在"相互了解的游戏"中给予它们所有属于它们的位置，而不仅仅是给予它们积极观察者的位置。

多重现代性：跨文化的视角

黄　平*

在社会学的传统里，自马克思、涂尔干、韦伯以来——如果不是更早的话——对现代性的反思，一直都在进行，到今天也远远没有完成，就如现代性本身也远远没有完成一样，而且，这个"没有完成"，并不止是哈贝马斯意义上的。

在中国，对现代性的反思其实是姗姗来迟的，因为在很长时间里，我们主要是把中国的现代性问题看作是一个如何追赶的问题，因而对于现代性本身，即使有反思，也无非主要是怎样避免走弯路的问题，却比较少从现代性本身的内在张力去考虑如何超越一元（例如西方的）或一纬（例如制度的）的现代性的问题。

如今，谈到现代性的多元（多样、多重、多纬），已经不是什么新话题。最近过世的艾森斯塔德（S. N. Eisenstadt），在他的晚年对这个问题有过非常精辟的论述，我们今天讨论多重现代性，无论如何应该记住他的贡献，并在他的研究和论述基础上往前走，往深走。

---

* 黄平，国际社会科学家，中国社会科学院美国研究所所长。

艾森斯塔德不同意他多年的朋友和同事亨廷顿关于文明冲突的假说。艾氏认为，冷战结束后，与其说我们将迎来一个文明冲突的时代，不如说随着现代性的扩展和深化，将会不可避免地遭遇现代性的冲突，因为现代性本身包含着多重性。

长话短说，现代性，不只是哈贝马斯所谓的"未完成的工程"（unfinished project），更是一个开放的过程（open program）。现代性，不只要从制度的角度加以认识，也要从文化的角度加以阐释，甚至还要从性别的角度、族群的角度、生态的角度，等等，等等，去加以理解。现代性，不只是时间概念，也是空间概念，不只西方（欧美）的，也是非西方的，其中，不只有如今正在日益被人意识到——包括以欣赏的眼光和以怀疑、警惕乃至敌视的眼光意识到——的亚洲（日本、中国、印度等）的现代性，也有非洲的、拉美的现代性，甚至还有中东的、伊斯兰的现代性。

所以，现代性，不只是多元的（即多纬度的，multiple），也是多样的（即复数的，modernities）。在此意义上，"后现代"绝不只是时间意义上的"现代性之后"，中国、亚洲或非西方的现代性，也绝不只是如何在形式和数量上追赶（西方），更不只是（西方的）"具有普遍意义的现代性"之下的特殊个案乃至例外。

拿中国——虽然，绝不只是中国——来说，经过近现代以来的剧烈社会动荡和变革，中国已经在实践的层面对西方的现代性提出了另类的可能。中国作为一个有如此漫长的历史延续、如此丰厚的文化沉淀，又有如此广阔的地域、如此众多的人口，特别又经历过几十年的革命洗礼和建设探索，最近这30年的改革和发展，已经对300年来似乎由西方主导的现代性提出了冲击。而且，这个冲击，并不只是在"（西方）普遍 vs（中国）特殊"的知识框架下产生的地区性展开或区域性现象，也不只是在一般意义上说现代性还应该包含着（除了经济以外）政治、社会、文化和生态的维度，或者，在"现代性"前面是否还应该也带有"亚洲－中国特色"的前缀、修饰。

我自己在近 20 年来的中国农村社区建设或重建的研究过程中，提出过一个"大胆"的问题：像中国这样一个经济－社会－历史－文化－地理综合体为什么一定要用西方式的现代化这种方式来组织？这种组织方式再"成功"（如果把所有的殖民、掠夺、侵略、战争和对生态的破坏都忽略不计的话！），也就是在很有限的人群和很有限的地域里搞了三五百年，但是，人类社会有文字的历史已经几千年了，各种文明形态并没有完全按照这个模式走下来，有的是消失了，但是有的还在生生不息地变化着、发展着，延续了上千年甚至更长。它们的历史要悠久得多，覆盖的地域要广得多，涉及的人群要多得多，它们的道路和"模式"要多得多，所能够提供的解释也应该丰富得多。这也才符合任何科学最基本的假设：任何一种东西，如果它所覆盖的地域越广、跨越的时间越长、涉及的对象越多，那么，很可能，它所包含的普遍性就越大。

如果这个类似科学的句子的逻辑是成立的，那么，关于中国（以及广大的非西方世界）是否也能有自己的发展道路（和"模式"？），这些道路（和"模式"）是否仅仅具有自己的特殊性，本来就根本不是问题。或者说，对于西方的道路和"模式"的反思，本来也不是什么问题。

上面之所以说是"很可能"，绝不是谦虚，而是因为，即使是很小的地域和很短的时间，也未必就一定不能滋生出后来被证明具有普遍性的东西，比如小如古代雅典者，后来被我们熟知并崇奉的"自由"和"平等"的理念，就是从这里孕育出来的。这个当然也得看后来怎样发展了，并不一定都能如此"个性中有共性"，多数情况往往正好相反，无非过眼烟云而已，早就被人遗忘了。当然，最具有反讽意味的——也最值得深思的——是，如今世界上经济、科技、教育、军事最强大的国家，一方面坚持自己是个"例外"（American exceptionalism），另一方面却坚信自己代表了普世的准则，因此是全世界的当然领袖。

中国的现代性，或者说，中国的发展道路，背后最大的意义之一，是它所依据的并不只是西方意义上的作为单一个人的"自我"（individual self，这是西方现代性最核心的概念！），而是不断由近及远、由我及他、由少及多的自我化过程，其边界从来是不确定的，或者，更准确地说，不固定的。出发点就不只是作为个人的我，而也可以是包括这个我的家、族、群、团、队、社、村，更可以是勾连着这些我、家、族、群、团、队、社、村的关系、网络。其最大的特点，借费孝通的概念，就是某种"差序格局"（这个概念至今没有一个恰当的英文对应词！），而我自己所理解的中国式的自我，是一个不断伸延并拓展的过程（an incremental expansion of selves）。这，大概是我们理解并阐释中国道路（或者，所谓"中国模式"？）的关键，也是中国式现代性之所以能提供另类可能的关键。

举个例子来说，如果只是以古希腊原子论为基础的个人为出发点（或者"基本分析单位"），或者，由单个个人出发去算计投入－产出、效益－成本，中国的江南早就应该破产不知多少次了，怎么可能在所谓农业生产不断过密化（agricultural involution）的条件下还能孕育出"上有天堂下有苏杭"这样的东西来，后来，又怎么可能在1970年代江南一带率先搞出了乡村企业和后来的个体工商业，中国的江南怎么今天居然是发展最强劲的城市乡村一体化地带。

回到多重现代性上来看，如果在艾森斯塔德之后，我们不需要再要论现代性究竟是不是多纬多样的，那么，自艾柯等以来，现代性就更需要不断超越自己，跨越原有的文化屏障，不管自己原有的文化多么丰富、多么令自己骄傲、多么令他人羡慕。

所以，"跨文化"不只是地理或空间意义上跨越各种阻隔的交流和对话（cross-cultural dialogues），尽管这一点 1945 年联合国教科文组织一成立就提倡却至今还做得太少太少；"跨文化"，更是对现有文化的超越（trans-cultural），无论其多么伟大，因为，自己的文化越是伟大，反而越难超越，越容易对自我文化优越、对他人文化歧视。但是，如果现代性本身是多纬多样多重的，就不得不意识到，跨越出自己文化的屏障，才能看到这些"多"，并从这些"多"（但不是杂）中看到未来的开放性和人们自己不断创造自己的历史的可能性和正当性。

图书在版编目（CIP）数据

面对面的距离：中欧文化高峰对话. 第 1 辑/黄平，赵汀阳
主编. —北京：社会科学文献出版社，2013.12
ISBN 978 - 7 - 5097 - 5233 - 3

Ⅰ.①面…　Ⅱ.①黄…　②赵…　Ⅲ.①比较文化 - 中国、
欧洲 - 文集　Ⅳ.①G04 - 53

中国版本图书馆 CIP 数据核字（2013）第 257919 号

面对面的距离
　　——中欧文化高峰对话（第一辑）

主　　编/黄　平　赵汀阳

出 版 人/谢寿光
出 版 者/社会科学文献出版社
地　　址/北京市西城区北三环中路甲 29 号院 3 号楼华龙大厦
邮政编码/100029

责任部门/全球与地区问题出版中心　　　责任编辑/仇　扬　徐　瑞
　　　　　（010）59367004　　　　　　责任校对/张俊杰
电子信箱/bianyibu@ ssap. cn　　　　　责任印制/岳　阳
项目统筹/祝得彬
经　　销/社会科学文献出版社市场营销中心　（010）59367081　59367089
读者服务/读者服务中心（010）59367028

印　　装/北京季蜂印刷有限公司
开　　本/787mm×1092mm　1/16　　　印　　张/12.75
版　　次/2013 年 12 月第 1 版　　　　 字　　数/164 千字
印　　次/2013 年 12 月第 1 次印刷
书　　号/ISBN 978 - 7 - 5097 - 5233 - 3
定　　价/49.00 元